子ども虐待を人任せにしない社会と行動のために

行列のできる児童相談所

井上 景 著
Takashi Inoue

北大路書房

はじめに

児童相談所の行列がやむことはない。うわさでは流行っているように聞く。長蛇の列に、子どもたちや保護者がならんでいる。いや、それだけではないようだ。他の多くの大人もならんでいるようにみえる。行列のもととなっているのは何だろうか。相談所なので、商品を売っているお店ではない。行列の先は、どうやら世間で騒がれている、児童虐待を取り扱っているところのようである。

さて、これまで、悲痛な児童虐待は、幾度となく繰り返されてきた。2000年には児童虐待の防止等に関する法律（以下、児童虐待防止法という）が成立した。児童虐待防止法や児童福祉法は、繰り返される虐待に対応すべく改正が行なわれ続けている。

2018年3月に起きた東京都目黒区の当時5歳の女児の虐待死事案や2019年1月に起きた千葉県野田市の当時小学校4年生の女児の虐待死事案は、記憶に新しい。5歳の女児は虐待を受け続ける中で、両親あてに謝罪の手紙を必死に書いていた。残されたノートの内容をみれば、想像を絶するほどの虐待があったことがわかる。また、小学校4年生の女児が発していたSOSに適切に対応できなかったのは、学校、児童相談所の責任はもちろん

「もうパパとママにいわれなくてもしっかりと　じぶんからきょうより
もっともっとあしたはできるようにするから　もうおねがいゆるして　ゆるしてください　おねがいします
ほんとうにもうおなじことはしません　ゆるして　きのうぜんぜんできてなかったこと　これまでまいにちやってきたことをなおします
これまでどれだけあほみたいにあそんでいたか　あそぶってあほみたいなことやめるので　もうぜったいぜったいやらないからね
ぜったいぜったいやくそくします
あしたのあさは　きょうみたいにやるんじゃなくて
もうあしたはぜったいやるんだぞとおもって　いっしょうけんめいやって　パパとママにみせるぞというきもちでやるぞ」

当時５歳の女児が書いたノートの一部

「お父さんにぼう力を受けています
夜中に起こされたり起きているときに
けられたり　たたかれたりされています
先生　どうにかできませんか」

当時小学校４年生の女児が書いたアンケートの一部

のこと、社会全体の責任でもある。虐待の対応を人任せにしている大人が多いこと。ここには大きな問題がある。

この2つの凄惨な児童虐待死事案が報道されて以降、児童虐待に関心をもつ方が増えたと感じる。このようないたたまれない児童虐待死に関する報道は、理想的にはないほうがよい。しかし、関連する報道がなくなれば、次に、児童虐待のことを耳にするのは、新たに凄惨な児童虐待死が起こってしまったときになるだろう。そうではなくて、児童虐待は社会全体で対応すべき課題であり、社会全体で関心をもち続ける必要がある。

筆者は、十数年あまり児童相談所の最前線で、児童福祉司ならびに一時保護所の児童指導員を経験してきた。一時保護所では、想像を絶するような生き方をしてきた子どもたちと出会い、子どもたちと寝食をともにした。その中で「家族」とは何かをはじめ、子どもたちと一緒になって泣いたり、笑ったり、時には叱りながら、さまざまなことを子どもから学ばせてもらった。それだけではなく、子どもを虐待した父母との面接からは、テキストには書かれない虐待にいたった経過や背景を見聞きさせてもらった。

保護者から怒鳴られたり、攻め立てられたり、脅されつつも、逆に、励まされることもあった。相手は、ひとである。ひと同士ならば、子どもを中心に考えれば、いつか通じ合うことができると信じている。児童相談所は、閉鎖的な機関であるため、一般市民から理解されにくい。もし、理解を得ようとするならば、実情を知ってもらうために可能なかぎり開放すべきであろう。

しかし、現職の公務員が実情を語るのはハードルが高い。現場を離れたものが可能な範囲で伝えていく必要性があるのかもしれない。児童相談所の状況は、現場から5年も離れれば大きく変わっている。子ども家庭福祉の現場ほど変化の著しい福祉分野はない。もはや、10年も経てば、浦島太郎の状態で、何かを語ったとしても、現場サイドからは現状にそぐわない発言に聞こえるだろう。

筆者の場合は、幸いにも現場から離れて数年しか経っていない。数えきれない修羅場を経験し、表側も裏側も観てきた。本書では、専門家が書かない、書けない児童相談所の裏側をつぶさに書いた。虐待や児童相談の対応の裏側を知ることには、実はそれらの解決のヒントがある。児童虐待への関心が一過性に終わってほしくはない。本書は、「虐待から子どもを護るためには何が必要なのか」、単に感情論ではなく、少しでも問題の本質を読み解くための材料となればという思いから執筆した。

きっと、今も、児童虐待対応の最前線である児童相談所には、いろいろな行列ができている。その児童相談所の現場について、報道されているような表側からも、本書に記述したような裏側からも、ぜひ読み解いてほしい。

目次

第5章 児童相談所一時保護所の行列 145

第1章

児童相談所の行列のもと

1　まず知っておきたい児童相談所

児童相談所と聞いて、イメージするものは何だろうか。児童虐待を取り扱っている機関だろうということは、理解されるようになってきた。ニュースでは、その児童虐待事案の対応が適切にできなかった結果、子どもが亡くなり、児童相談所長らが何度も謝罪会見をしている映像が流されている。会見では、「児童虐待を防ぐことができなかったことを遺憾に思う」「第三者委員会【↓用語集】の検証結果を待って二度と同じことが起きないようにしたい」と言う言葉が繰り返し語られ、教訓が活かされていないことも事実である。これまでにも、児童相談所に不手際があれば、世間からの批判の的となった。もしかしてとんでもないいい加減なところというイメージなのだろうか。確かに、子どもの権利擁護の機関が、子どもの命を守れなかった責任は重い。

しかし、これから記すように、児童相談所の実態は、意外と知られていない。それは、一般にオープンにされていないからである。評論家と称する方々が、児童相談所のことを語っても、頓珍漢な発言になっている。感情論になって本質が見えていないからである。これは、やむを得ないといえる。

そのような批判を受ける児童相談所であるが、その役割は、時代背景の変化や時代の要請と期待に応じて変貌を遂げてきた。児童相談所は、１９４７（昭和22）年に成立した児童福祉法の第12条および第59条の４に規定されているように、都道府県や政令指定都市に必ず設置しなければならない公的な機関である。２０１９年４月現在、児童相談所は、設置が任意の中核市３市を含め、全国に２１５か所設置されている。

児童相談所の相談種別は、（表１‐１）のように、養護相談、非行相談、障害相談、育成相談、保健相談、その他、さまざまな相談を受け付けている。児童虐待は、養護相談の中に分類されるが、養護相談とは別に、相談対応件数が集計されている。児童相談所は、近年、凄

表 1-1　児童相談所の相談種別

相談種別	内　容
養護相談	保護者の家出，離婚，入院，死亡等により家庭での適切な養育が困難な子ども，あるいは被虐待児等養護に欠ける子どもに関する相談
非行相談	ぐ犯行為等相談（家出，浮浪，乱暴，性的逸脱等，法に触れる行為ではないが，そのまま放置すれば罪を犯すおそれのある子どもに関する相談） 触法行為等相談（14 歳未満の子どもで，窃盗，傷害等，法に触れる行為があったとして警察署から通告のあった子どもおよび送致のあった子どもならびに犯罪少年に関して家庭裁判所から送致のあった子どもに関する相談）
障害相談	知的障害，肢体不自由，視聴覚障害，言語発達障害，重症心身障害，発達障害のある子どもの相談
育成相談	性格行動，不登校，適正相談，しつけ相談
保健相談	虚弱児，小児喘息，その他疾患等を有する子どもに関する相談
その他	上記にあてはまらない相談

惨な児童虐待死事件を受けて報道されるため、この児童虐待を取り扱う機関であると思っている方も多いのではないだろうか。では、児童相談所は、そもそも歴史的にみて、どのような役割を担っていたのだろうか。

戦後、児童相談所は、浮浪児対策の役割を業務としてきた経過がある。加藤〔２０１６〕は、この時期（昭和20年～31年まで）の児童相談所を戦争の犠牲になった児童の緊急保護と施設収容を中心にした児童福祉の基礎づくりの時期であるとし、児童福祉の幕開けとしている。また加藤〔２０１６〕は、これ以降の児童相談所の役割を７つの時代区分に整理している。児童福祉法における児童相談所の役割をみてみると、制定当初の戦後、浮浪児等の対応に始まり、後に、知的障害児の支援、非行児童の対応と変化してきたことがわかる。

つまり、児童相談所の社会的役割は、その時代の社会的要請によって変化している。そして現在、児童相談所は、まさしく児童虐待に対して社会的要請の期待を受けて、その対応の役割を担っている。

ただし、どれだけ時代が変わろうとも、児童相談所は、子どもの権利を護る機関として、その責務が変わることはない。児童相談所の役割が、時代の要請に応じてきたならば、いま、まさに、社会問題としての児童虐待があるといえる。

2 はじめての児童虐待通告

児童相談所は、電話や来所で児童虐待通告や相談を受けている。近年、メールや動画によって配信されたものが、通告として対応されていることもある。新規に採用された児童福祉司[*1]が、配属された初日からすぐに電話対応を任されることはない。しばらく、先輩の指導を受けて走りながら児童相談所の業務の基礎を学ぶ。いわゆるＯＪＴとよばれているもので、普通ならば、日常業務の中で先輩の指導を受けながら、徐々に児童福祉司として必要なスキルを修得する。しかし、保護者との壮絶なバトルは、運が悪ければ、いや運がよければ、すぐにでも遭遇する。

児童相談所は、「支援」と「介入」をする機関であるといわれている。これは、相談機関と子どもの権利擁護の機関という、2つの役割に由来する。特に、2019(令和元)年の児童福祉法改正によって、児童相談所は、子どもの権利擁護の機関として子どもの安全確保の役割が明確化された。

その役割を具体的な例をとおして見てみよう。

①児童相談所は、学校や保育所から「子どもの顔に痣《あざ》がある。はっきり話さないが、子どもに聞くと保護者から叩かれたようだ。もしくは、説明のつかない不審な点がある」といった通告を受ける。

②職員が学校等に急遽かけつけて、子どもと面接し事実関係を聴き取る。

③即刻、**リスクアセスメント**【↓用語集】による重症度を計り緊急受理会議において合議制によって協議して対応を判断する。

④重症度が高いと判断すれば、児童福祉法第33条を根拠に一時保護を決定する。

児童福祉法第33条

児童相談所長は、必要があると認めるときは、第二十六条第一項の措置を採るに至るまで、児童の安全を迅速に確保し適切な保護を図るため、又は児童の心身の状況、その置かれている環境その他の状況を把握するため、児童の一時保護を行い、又は適当な者に委託して、当該一時保護を行わせることができる。

［解説：児童相談所の所長は、この法律を根拠として虐待等の子どもを一時保護することができる。ただし、一時保護は、所長の独断で行なわれるのではなく、組織の判断によって行なわれる］

⑤子どもを安全に一時保護することができれば、他の担当者や上司が、保護者に電話で連絡をかけて、その後の対応を行なう。

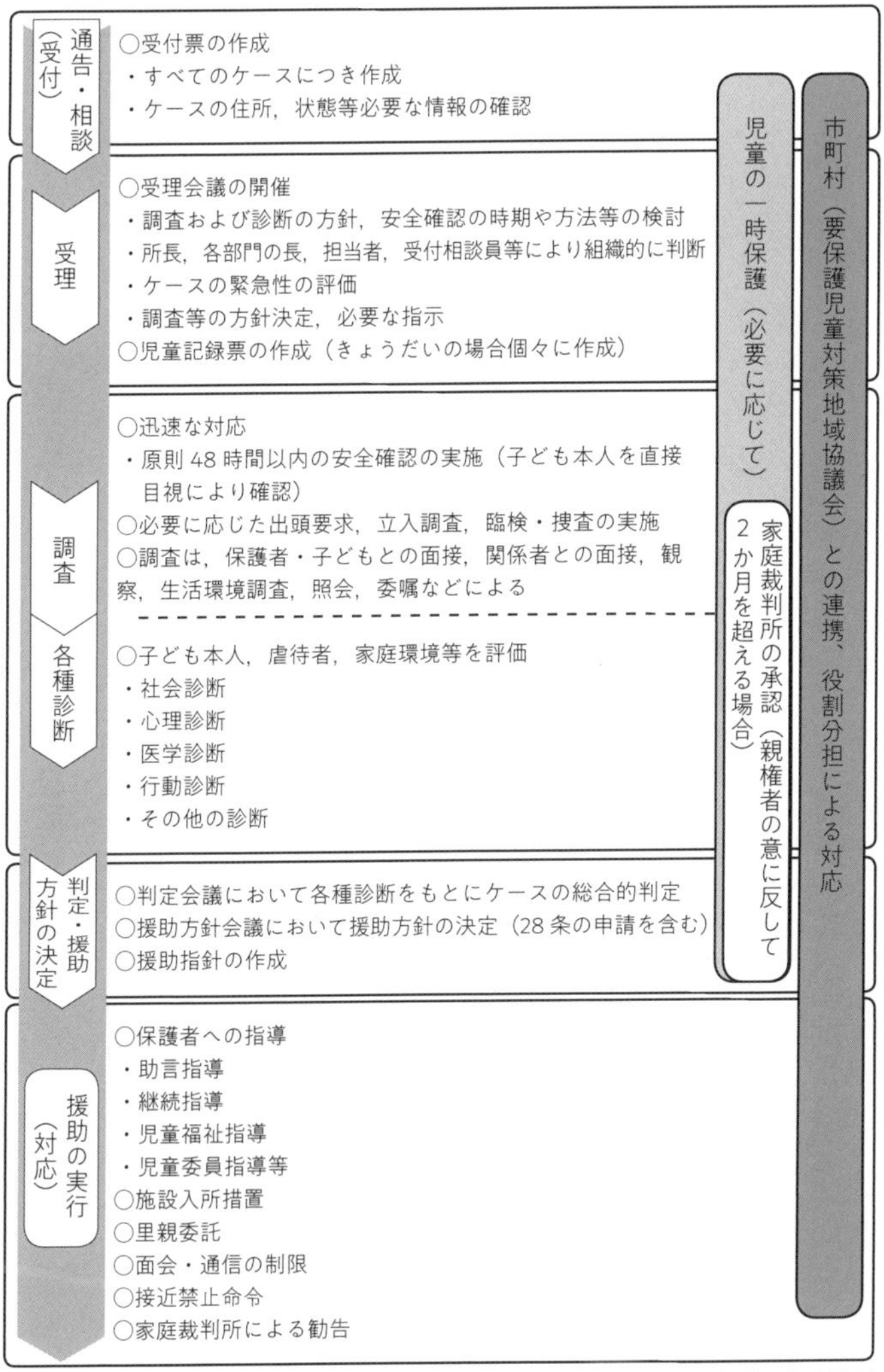

図 1-1　児童相談所での児童虐待ケースへの対応の手順［厚生労働省「児童虐待対応手順」（2018 年 7 月）「児童虐待防止対策」（2014 年 8 月）より作成］

一時保護の連絡を受けた保護者からは、当然のように、こんな反応が返ってくる。まずは、「うちの子どもを拉致したんか。今すぐに返せや」「お前らとは話にはならん、上のものと代われ」と怒鳴られる方。そして、「あなたたちは、何の権限があって子どもを勝手に連れ去ることができるのか、虐待と言うならば今すぐ証拠を示しなさい」と、高圧的に主張する父親。「子どもがおらんかったら、今から私は死ぬ。死んだらあんたらのせいや、恨んでやる」などと脅す母親。また、これまで誰にも言えなかった子育ての悩みを思い出して、泣きながら話す方もいる。何度か子どもを保護されている親の場合は、「親の言うことを聞かない嘘をつく子どもはいりません」と話す方もいる。子どもを保護された親の反応は、さまざまである。

こうして、はじめて児童相談所に配属となった児童福祉司は、すぐさま児童虐待対応の洗礼を受けることとなり、児童福祉司としてスタートを切る。まもなくすると、次々と入る虐待通告に、あっという間に、子どもたち一人ひとりの記録が書かれたケースファイルの行列をみることになり圧倒される。

筆者も新人時代は先輩児童福祉司の面接に立ち会った。待合室でイライラしている保護者をこわごわ面接室に案内すると、キャリアを積んだベテランの先輩に、怒鳴りながら来所した親の反応が直撃する。それでも先輩は毅然とした態度で不適切な養育方法を指摘した。当時、ベテランの児童福祉司の支援と介入を駆使した面接技術には圧倒させられたものだ。かたや虐待を主訴とした家庭に介入すれば、子どもの最善の利益と保護者の養育観との間の乖離で、最初はしばしば対立する。しかし、子どもの発達や将来の影響を考えて丁寧に時間をかけて説明をすることによって、保護者の理解を得ることも可能である。このようなプロセスを踏まなければ対立関係の溝は埋まらないし、改善は見込めない。

こうして新人児童福祉司は働きはじめるわけだが、キャリアを積んだ児童福祉司の姿をみて、感心するだけでは成長しない。自分で**ソーシャルワーク**【↓用語集】を展開させなければ、ケースを動かすことができないことにも気づく。保護者は、子どものこと、親のことを真剣に考えているのは誰か、誰と話をすれば、子どもが返ってくるのかをすばやく察知する。親からみれば、面接に陪席しているだけの新人児童福祉司は、傍聴人にほかならない。

しかし、まもなくすれば、この傍聴人も新人を卒業し、一人で面接対応に取りかかるようになる。それまで高齢者の相談援助をしてきた筆者にとっては、虐待相談と従来のソーシャルワークとの違いに戸惑ったことを覚えている。あっという間に次々と対応などが入り、スケジュール帳に書ききれないぐらいびっしりと予定が詰まる。支援を求める人が大勢いることに気づくとともに、すぐに余裕なく対応をすることになった。

はじめての児童虐待通告は、歴代の児童福祉司が対応困難としていた常連のケースであった。ここでは詳しくは書かないが、新人の児童福祉司にとっては、ケース記録の中だけでは読み取れない複雑な背景が潜んでいた。最初から圧倒させられるケースの行列に苦慮したことを思い出す。

３ 行列のもとになる児童虐待の現状

児童相談所に行列ができるようになった理由は、児童虐待通告が急増し、その対応に時間と手間を必要とするようになったからである。２０１８（平成30）年度、児童相談所が受理した児童虐待対応件数は、15万９８５０件と公表されている。国が、１９９０（平成２）年から統計を取り始めて以来、過去最多を更新し続け、２０１８年には１４５倍を超えた（図１-２）。小手先だけの対応ではもはや児童虐待は防げない。抜本的な対策を講じなければ、今後も増え続けるであろう。

ひと口に15万件・16万件といわれても想像がつきにく

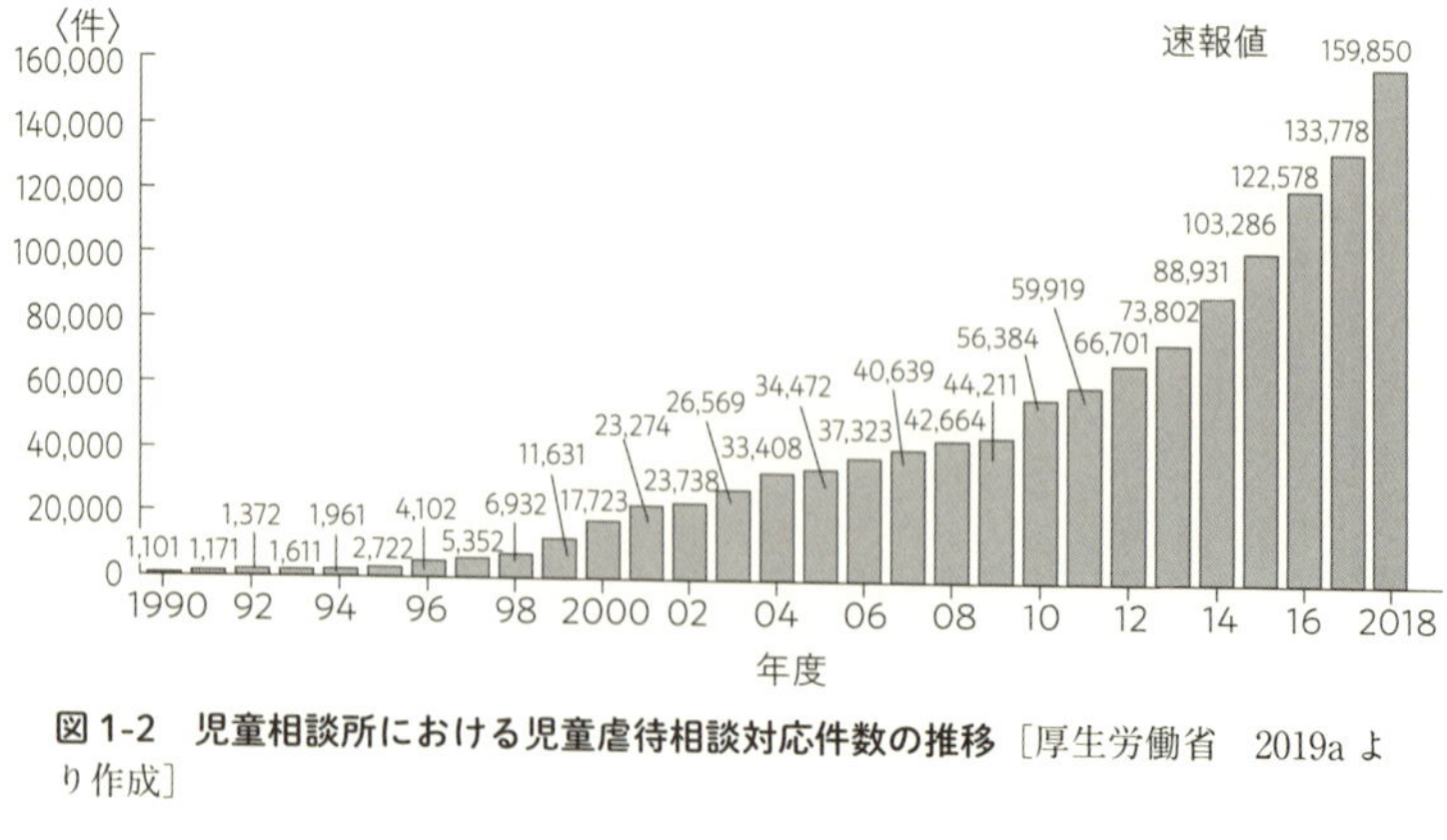

図 1-2　児童相談所における児童虐待相談対応件数の推移［厚生労働省　2019a より作成］

い。筆者が大学で保育士養成のための講義をする際、学生がわかりやすくイメージできるように、この数を一学年の人数と比較してとらえさせていた。講義の受講生が150人ならば、この教室にいる学生の数を1066倍した数と同数の相談が寄せられていると説明する。1066倍を正確にイメージする必要はない。身近な数を想像させて、その数を基準とすることで、相当数の児童虐待が起こっていることを考える機会にしていた。児童虐待は、身近なことであり、子どもに関わる保育士や教員は、現場にでれば、直面する課題であることを訴えていた。

児童虐待対応等の業務量と障害相談の業務量と比較した研究がある。才村・澁谷・柏女［2004］は、5分間タイムスタディによって、児童相談所が行なう業務量を定量化した。「心身障害相談」における、知的障害のある子どもたちの療育手帳の判定業務などを1・0とした場合、「児童虐待相談」は、どの程度の時間を必要とするかというものである。

表1-2は、心身障害相談の業務量を基準（1・0）とした場合の、他の相談の業務量の比較である。表からは児童虐待相談は、心身障害相談の12・8倍の手間を要することがわかる。虐待相談1件の重みが、そのまま業務量に

表1-2　5分間タイムスダディ［才村・澁谷・柏女　2004］

養護相談	9.5
児童虐待相談	12.8
心身障害相談	1.0
非行相談	4.6
育成相談	1.8
不登校相談	3.2
不登校相談以外	1.5
保健・その他相談	3.0

心身障害相談の業務量を基準（1.0）とした場合，他の相談の業務量との比較

反映しているといえる。手間と時間がかかってしまう大きな理由の一つに、保護者にはニーズがない相談を保護者のニーズによる相談になるよう彼らの意識を変える必要性があげられる。保護者にニーズがあり、子どもの福祉にかなうとあれば、一時保護することは、大した手間ではない。

たとえば、ひとり親家庭の養護相談としてよくある対応を取り上げてみよう。母親が、病気や怪我で入院することになったが、誰も子どもをあずかって世話をしてもらえる人がいないため、困っている。ニーズとしては、母親の入院している期間、子どもを施設にあずかり代替え養育をすることである。このような場合、再アセスメント（再評価）を必要とする別の課題が往々にしてみられるが、現状の課題は、養育者の入院により子どもの養育ができないというニーズが表出されており、そのニーズに対する支援を行なえば足りる。具体的には、施設や里親に子どもの受入可否に関する問い合わせ依頼の電話をかけて、入所調整し、必要な書類を作成する。学校や保育者など必要な連絡や手続きは、可能な範囲で保護者にしてもらう。多少、手間はかかるが、ジェネラルなソーシャルワークで対応をすれば、十分にまかなうことができる。ただし、ニーズのある養護相談だからといって、対応後、**モニタリング**【↓用語集】が不要ということはない。そもそも、親族等の支援が受けられていないのはなぜなのか、親族が遠方のため協力が得られないのか、近くても関係性の問題があるためかなど、人によって課題は異なる。児童福祉司は単なるコーディネーターではない。背景をみて分析し、課題解決に向けた提案ができなければならない。だから、養護相談は、みえない部分で手間がかかっている。
もっとも、手間がかからないとされる障害相談は、主として療育手帳の業務である。ただ、大阪府のような大きな自治体は、療育手帳の申請をして待機されている方が相当数いるので、その調整業務に手間を要している。しかし、実務としては、判定に必要な面接や事務手続きをこなすルーチンワークである。そこで、事務手続き上のミスをしないかぎり、保護者と対立をしたり、他機関と衝突するような問題は生じず、手間はかからない。

それに対して、児童虐待の対応はまったく違う。才村［2005］では、ケースワークの7原則を児童虐待対応の7原則と対比させている。才村のいう児童虐待対応の7原則とは、①介入性、②迅速性、③権利性、④客観性、⑤主導性、⑥専門性、⑦開放性である。

この中でも、児童虐待と一般的な福祉サービスのケースワークの一番の違いは、①の介入性が高いことである。何より、子どもを護るためには、保護者の意思に関係なく対立してでも家庭に介入する。保護者の同意を得ない職権一時保護や家庭裁判所に申立てるようなケースは、まさしく強制的介入の対応であり、手段として法的対応をとる。②の迅速性も虐待ソーシャルワークの特徴的なものである。**児童相談所運営指針**【↓用語集】には、通告後48時間以内に子どもを現認するように明記されている（↓第2章7節）。また、**一時保護ガイドライン**【↓用語集】（↓第5章4節）には「躊躇なく一時保護」と明記されており、児童虐待対応として、介入性と迅速性が求められることが理解できるであろう。

次に、児童相談所の対応過程をみてみよう。

4 通告の風が嵐となり台風となる児童相談所の現状

子どもに虐待をしてしまった親の中には、通告がきっかけとなり、児童相談所が家庭に介入したことで、すんなりと今までの養育の仕方が良くなかったと気づく人がいる。その一方で、アポイントメントもなく家庭訪問した理由が、虐待を疑われていることであることがわかって、怒りをあらわにする人もいる。

また、何の了解もなく子どもを一時保護された保護者は、「子どもを取られた、お前ら何をさらすねん」と、感情をむき出しにして、そこから対立関係になることもある。こうなると、面接にも時間がかかる。現に、朝から夕方まで帰らない保護者もいたし、夕方から始まった面接が深夜に及ぶこともたびたび経験した。保護者は、「子どもを返すまで帰らへんで」と言って、面接室に居座るのが常套手段であった。

このように言われて、「ハイハイ、そのようでしたら息子さんを返します」とはならないのが、通常の児童相談所である。大阪府では、児童虐待対応について、鬼より怖い所長や上司らに叩き上げられて、虐待対応のイロハをしっかりと身につけさせられた。その術を使い、保護者との徹底抗戦が開始される。通告の風が吹きはじめるのだ。

なかなか帰らない保護者には、午後9時を起点に閉庁宣言を行なう。庁舎を閉庁する旨を伝えるのは、これ以上、ここにいると不法に滞在していることになると宣言するためである。それに気づく保護者ならば、苦情を言いながらもしぶしぶ帰宅する。中には、親切にも「兄ちゃん、気いつけて帰らなあかんで」と言って、児童相談所を去る人もいる。

この「気いつけて」は、ねぎらいではなく、帰るとき命が狙われているよ、との脅しの意味である。このように、帰るにしても難癖をつける人もいた。この仕事に慣れてくると、保護者の方に「それは脅しですか」と言い返すこともあった。

一般の公務員が言えば、かなりの問題発言になるであろう。しかし、警察によくお世話になっている方ならば、脅迫罪ととらえかねないことを知っているので、言葉を撤回される方もいた。この場合、話が並行線なので良いとはいえないが、一旦、クールダウンしたうえで、次回に話し合いをもち越す余地が残されている。それでも、なお、居座る保護者もいる。

次にだすのが、「退去宣言」である。通告の風が嵐に変わる瞬間である。保護者に対して、庁舎は閉庁し、これ以上、居座れば不法占拠になる旨を伝える。それでも、帰らない保護者もいるので、年間に1人ぐらいは、警察にお願いして協力を求めることがあった。

逆に、保護者が警察に連絡を入れたこともあった。こうなれば、すでに嵐は台風に変わりつつある。保護者は「お前ら、子どもを拉致したんやろ、誘拐罪や！　今すぐ子どもを返さへんねんやったら、警察に電話するし、ええねんな！」と強い口調で言う。そして、面接室の中から電話をかけて「児童相談所の職員に子どもが誘拐された」と110番通報をする。

筆者が大阪府に入庁したころは、虐待情報の全件共有が叫ばれる現在ほどは、警察との連携は強固なものではなかった。そのため、警察の110番の指令所から連絡を受けた警ら中の警察官が、誘拐事件が発生した児童相談所に臨場する。警察官は、まさか児童相談所の職員が子どもを誘拐するとは思っていないだろうが、筆者ら児童福祉司に対して、マニュアル通りの質問をする。子どもを誘拐・拉致した犯人のような扱いをされるので、びくびくしたものである。今や、警察は、児童虐待の対応の心強い味方となった。

こうした嵐をよぶ保護者とも児童福祉司は面接を繰り返し、支援の方法はないか可能性を多方面から探っていく。とはいえ、数日後に再度面接をして、保護者が子どもへの暴力等の不適切な対応に気がついていれば、一時保護の期間は2か月もかからず終わることもある。しかし、一時保護が解除されたからといって、ケースを終結するわけではない。ここからは、保護者指導もしくは保護者支援が始まるのであり、いっこうに、話が進まない保護者とは、引き続き徹底抗戦が繰り広げられる。

5 徹底抗戦の対応

児童相談所に配属が決まり児童福祉司として仕事をするとなれば、何度となく、サスペンス劇場のような情景を体験する。このような場面に遭遇するのは、職権一時保護したときか、一時保護して話が進まず平行線が続くときか、施設入所ケースの家族再統合がうまく進まないときが多い。

さらに、この中で、修羅場に遭遇する確率の非常に高いケースは、立ち入り調査して保護をするケース、次に、職権で一時保護をするケースである。近年、児童相談所は立ち入り調査も躊躇せず実施すべきとの風が吹いている。立ち入り調査を実施すると判断すれば、児童相談所の職員を総動員し、警察に対して警察官を派遣してもらう援助要請を依頼する。この場合、その家の周辺には、ひそかに児童相談所の職員と警察官の行列ができあがる。大阪府では、2017年度に18件の立ち入り調査が行なわれ、警察への援助要請も23件行なわれた［大阪府 2018］。

たびたび、立ち入り調査に遭遇する機会はないとはいえ、児童福祉司に任用されれば、もれなく「立ち入り調査証」をもらうことができる。決して、うれしいものではないし、使いたいものでもない。誰もが、保護者と徹底抗戦をしたいとは思っていないが、子どもの福祉を護るとの使命をもった児童福祉司は、間違った子育ての仕方に気づいてほしいと考えている。そのことを後の保護者面接の場面で親に訴える。

子どもを一時保護された保護者は、保護されたその日に来所されることが多い。その中でも印象的であったのは、包丁を持参された保護者である。今ならば、警察に110番通報して銃刀法違反の容疑で逮捕事案となるのであろう。

「別の職員が、包丁を持ってきたら、子どもを返したると言うた」と、どこでそんな話にすり替わったのかわからないが、筆者を呼びつけたその父親は、受付でそう叫んだ。ロビーの椅子の上には、スーパーで購入したであろう、レジ袋に入った真新しい包丁が置かれていた。同僚から、「包丁は、どうしましょう」と聞かれ、ロビーに包丁を置いていくのだから、もちろん殺す気などはないのだが、「わざわざ、面接前に父親に包丁を返したら、私の命が危ないので事務所で保管してほしい」と頼んだのだった。面接室では徹底抗戦が開始される。まずは、これまでの経緯を聴き取り、不適切であったところを認識してもらうために虐待の告知から始まる。

この時、対応した父親に限らず多くの保護者は、「しつけのために叩いた。何が悪いねん。自分も悪いことをしたら、親に叩かれていた。今、思ったら感謝している。息子も大人になれば、感謝する」などと、延々と正当性を述べて子どもを返すように強く訴える。虐待の正当性を主張するようであれば、一時保護の解除はあり得ない。

このような緊急一時保護をすれば、予定していた業務の優先度は一変する。ここにも長蛇の列ができてしまう要素がある。このあとに予定していた面接はキャンセルせざるを得なくなり、他の相談は停滞してしまう。ファーストフードのドライブスルーにならんだ一台の車が、商品が受け取れず注文や苦情を言っている状態だ。その結果、後続の車は渋滞…。後ろで待っている車は、どんな反応を示すだろう。理解してくれる保護者の方もたくさんいたが、児童相談所の都合によって面接日を変更させられるということは、結果的に子どもが戻る日が延びてしまうことになる。「そうやって児童相談所は、子どもを返さないのか」と言う人もいた。保護者からすれば、こちら側の行列はみえないし、子どもは1日でも早く返してほしい。当然必死である。確かに、筆者も同じ状況ならば、このような発言をするかもしれない。

⑥ 鳴り続ける児童相談所の電話

児童相談所全国共通ダイヤル１８９（いちはやく）は、子どもや保護者からの虐待や子育てに悩んだ際のＳＯＳをいち早くキャッチするため、これまでの10桁（０５７０-０６４-０００）を児童虐待専用ダイヤルの3桁に変更した。その運用は、２０１５（平成27）年から始まった。全国の２１５か所の児童相談所に１８９をとおした通告は、１か月間で約４５００件である。つまり、一つの児童相談所では1か月平均21回の電話を受けている計算になる。１日平均１回程度である。決して、周知されているとはいえないが、通話料を気にしなくてもいいように無料化が始まっている。しかし、現場では、他の電話が鳴り続いている。実は、１８９をとおしてかかってくる通告電話以上に、直接、児童相談所にかかってくる電話は多い。

いく年もの間、児童相談所に勤務してしていれば、電話の鳴り続ける音にあたりまえのように反応し感覚が麻痺していたが、現場を離れた今となっては、あの電話の音が気になる。電話が鳴り続けるという抽象的な表現ではわからないかもしれない。たとえば、テレビのテレホンショッピングでいうと、「本日かぎりり、２万９８００円の商品が、１万円引、さらに付属品がついて…」と続き、「今から２時間以内に…」と言った瞬間に後ろで電話の音が鳴り響く。これは茶番劇だが、あのコールセンターの光景は、まさに児童相談所の事務所そのものなのだ。最近では、高額になった電話代を削減するためと、かかってくる電話が半端なく多く回線がパンクしてしまうため、その改善にと職員一人ひとりに無料通話のできる携帯電話が渡されていると聞く。

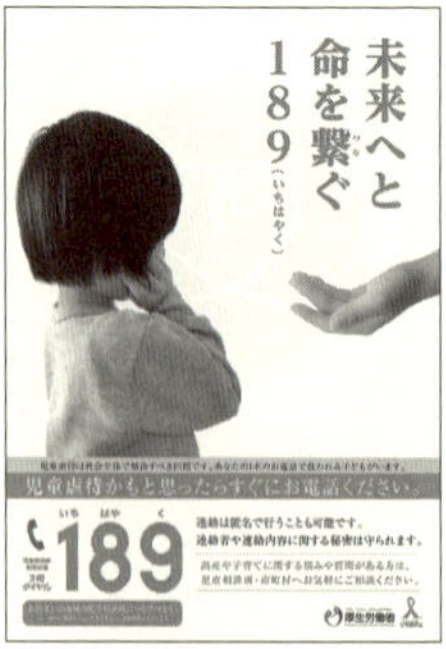

図 1-3　児童相談所全国共通ダイヤル［厚生労働省ホームページ　2018］

児童福祉司は、保護者宅への家庭訪問、児童福祉施設での協議など、出張の多い職種である。そうすると、出張の間に、保護者の方や関係機関から電話がかかっている。要件を済ませて職場に帰所すると、自分のデスクの上に、これ以上、貼り切れないほどの伝言メモが貼られている。内容は、「至急電話がほしい」「子どもが言うことを聞かないので施設にあずかってほしい」というものから会議の伝言まで、さまざまである。優先順位をつけて、電話をかけ続けていく。やはり、ここにも電話を待つ長蛇の列ができてしまっている。

7　日本一の児童虐待のまち大阪

大阪と聞いてイメージするものは何かと、地方に住む友人に尋ねれば、「大阪といえば、たこ焼きか児童虐待のどちらかしか思い浮かばない」と言われた。それほどまでに、大阪は、児童虐待のイメージが全国的に広まっているのだろうか。確かに、大阪の児童虐待の発生数は多い。その背景には、経済的な問題、**ステップファミリー**【↓用語集】など、さまざまな虐待の要因があるのかもしれないが、発生数だけでなく発見率も高いと推測される。大阪府内には9つの児童相談所がある（大阪府6か所、大阪市2か所、堺市1か所）。それでは、日本一の児童虐待のまち大阪をみてみよう。

大阪子ども家庭白書によれば、２０１７（平成29）年度に、大阪府の子ども家庭センター（児童相談所）が、受理した児童虐待相談は１万１４８６件と報告されている。これに、大阪市が受理した5485件、堺市が受理した1621件を加えると1万8592件である。人口が一番多い東京都は、1万3707件であり、東京と比べても大阪のほうが4885件多い。近年、大阪は、どこの都道府県にも負けず、日本一の座を譲り渡していない。

大阪府で、2004年に発覚した岸和田事件[*2]では、虐待によって重度障害の状態で発見された中学生の姿に、強いショックを受けた人もいるだろう。大阪府の職員らには、二度とこのような凄惨な事案が起こらないようにその教訓が受け継がれてきた。大阪市では、2010年に起こった西区のマンションで幼児2人が放置され死亡した事件が教訓として受け継がれていると聞く。ともに、痛ましい児童虐待事案であり、大阪の虐待は、量だけでなく質的にも厳しい経緯がある。

表1-3は2018年度（2017年度実績）の大阪府（大阪市・堺市を除く）で受理した相談件数をもとにして、表1-2で示したデータを活用し、障害相談の業務量を1・0とした場合の各相談種別の実質業務量を数値化したものである。

非常に粗い試算であるが、児童虐待相談は、障害相談の業務量の

表1-3　障害相談の業務量を1.0とした各相談種別の実質業務量［大阪府2018より作成］

	児童虐待	養護	保健相談	障害相談	非行相談	育成相談	その他相談	合計
件数	11,486	1,751	25	10,649	881	4,302	1,220	30,314
業務量（比較率）	12.8	9.5	3.0	1.0	4.6	1.8	3.0	
実質業務量（試算）	147,020	16,635	75	10,649	4,053	7,744	3,660	189,836

12・8倍と換算すれば、14万7020件の電話対応をしていることになる。大阪府には、6か所の子ども家庭センターがあるので、児童虐待相談に関していえば、1つのセンターあたり年間2万4503件の電話に対応している。他のすべての相談を加えると、1つのセンターあたり7136件の電話対応が追加される。概算であるが、この数字をみて想像をしてもらいたい。

さらに、日本で最も児童虐待の少ない鳥取県と比較すれば、いっそう大阪の児童虐待の多さが際立つ。鳥取県は、県下全域で年間76件の児童虐待対応をしている。大阪は、府下全域で年間1万8592件の対応をしていると説明した。そうすれば、鳥取県の業務量は、大阪府の業務量に換算すると、わずか1・5日分にすぎない。新しい年が始まり正月の3日間を待たずして、業務が終了する量である。

この例からも、児童虐待は都市部に偏在しており、地域差が大きいことがわかる。一般的に地方都市の児童相談所で10年経験したものと、都市部の児童相談所で4~5年経験したものとを比べれば、都市部で経験した児童福祉司のほうが、質量ともに多く経験することになる。東京都目黒区の5歳女児の事案を取り扱っていた香川県の児童相談所の管理職の方は、法的対応のケース対応に慣れていなかったと、経験不足であったことを謝罪の中でコメントしていた。確かに、2015年から2017年までに香川県が法的対応（ここでは児童福祉法第28条による家庭裁判所への申立て行為の件数）を行なったケースは3件、それに対して、大阪府は89件、大阪市は39件、堺市は17件とあわせれば、大阪全体では計145件に対応している。児童相談所の業務は、全国どこでも同じであるが、地域差が顕著であるといえる。

⑧ 全国の児童相談所の相談受付

2017(平成29)年度に、全国にある211か所の児童相談所が受け付けたすべての相談件数は、46万6880件であった。構成割合でみれば、児童虐待を含む養護相談よりも障害相談が多い。その大半の業務は、療育手帳の判定業務である。

全国の動向と大阪府の動向を比較すると、大阪府は、全国の児童相談所が受け付けた児童虐待の8・6%を占めている。その多さは一つの特徴であるといえる。川並［2019］は、児童虐待相談対応件数の上位5都府県(大阪府、神奈川県、東京都、埼玉県、千葉県)が全国の半数を占めており、しかも各々の子どもの人口比に対して多いことから、児童虐待相談は都市圏に集中していることを報告している［川並 2019 40頁］。

児童福祉司数との関連もあるために一概にいえないが、全国的にみて、都市圏の児童相談所には、いっそうの長蛇の行列ができていると考えてよい。

児童相談所は、児童虐待の相談対応だけではなく、表1-4に示す相談のすべてを受け付けているため、忙しさが半端ではない。

児童相談所は、あらゆる相談を受け付け、さらに、職員は、増え続ける児童虐待通告の対応に通常の相談の何倍もの労力を費やしており、疲弊している。2018年12月厚生労働省の社会保障審議会の下部組織である児童部会社会的養育専門委員会市町村・都道府県における子ども家庭相談支援体制の強化等に向けたワーキンググループ会議において、児童相談所の課題が話し合われていた。その議論の中で、児童相談所の専門性に関する委員の発言があった。

「児童相談所は、あらゆる相談を受理し対応しているが、虐待対応に特化した機関に変わり、障害相談などは、別の機関が担うべきである」との意見だった。確かに、すべての相談を児童相談所が担うことは不可能である。厄介な仕事から容易な仕事まで、なんでもかんでも、児童相談所への流れが、一極集中を生み出したのだろう。障害相談の中でも大きなボリュームを占める療育手帳の判定業務は、基礎自治体で十分に対応できると考えられる。ただ、ほんのわずかであるが、障害による育

表 1-4　全国の児童相談所の相談受付件数［厚生労働省　2018 より作成］

年度	総数	障害相談	養護相談（児童虐待）	育成相談	非行相談	保健相談	その他相談
2017 年度（平成 29）	466,880	195,786	185,032 133,778	43,446	14,110	1,842	26,664
構成割合（%）	100	41.9	39.6 (28.6)	9.3	3.0	0.4	5.7

てにくさから発展する虐待など、見落としてはならない事案も潜んでいる。

⑨ 人手不足のわけ

この業界で商売繁盛とは、不謹慎であるが、児童虐待数は、うなぎのぼりである。もう一度、図1-2をみれば、すぐさま理解できる。SNSなどでは、人間のできる仕事ではないと、児童相談所の人手不足に関して話題が飛び交っている。決して、まねき猫はいらないが、猫の手も借りたかったというのが、児童相談所の現場にいたときの感想である。事件があるごとに児童福祉司の不足が報道されている。ただし、他にも課題がありそうだ。

国は、東京都目黒区の5歳女児の虐待死事案を受けて、2018（平成30）年7月20日に「児童虐待防止対策の強化に向けた緊急総合対策」を発表し、さらなる児童相談所の体制強化プランを打ち出した。体制強化策の一つとしてあげられるのが、児童福祉司の増員である。

旧プランでは、2015（平成27）年を基準として、2930人いた児童福祉司を2019年までに550人増員し3480人にするとしていた。新プランでは、2017（平成29）年実績で3253人であった児童福祉司を2022年までに約2020人増員し、5200人程度まで増やす計画である。
しかし、この計画が進められている中で、２０１９（平成31）年1月に、あの凄惨な千葉県野田市の小学校4年生の女児が亡くなる虐待死事案が起こった。東京都目黒区の痛ましい事案のあと、二度と起こらないように対策を進めていた矢先であったが、対応が追いつかず、人材確保ができず、対応の教訓も活かされなかった。国は、この計画を前倒しして整備するように関係閣僚会議において声明を出した。

児童相談所の人手不足の実態は、どの程度のものだろうか。採用試験をしても適切な人材を確保できないと聞く。大阪府の社会福祉職でいえば、２０１８年度受験者数２１３人に対して合格者数55人（競争倍率３・９倍）、２０１７年度受験者数２１４人に対して合格者数60人（倍率３・６倍）、２０１６年度受験者数１１０人に対して合格者数18人（倍率６・１倍）、２０１５年度（2回実施）受験者数２２３人に対して合格者数36人（倍率７・０倍）である。確かに、受験者数は、２０１６年を除いて、ほぼ一定だが、それに比して採用人数が増加し、募集しても人が集まっていないことがわかる。

筆者が就職した十数年前が過渡期であったのだろう。まだ、児童相談所への就職はあこがれであったと先輩職員から聞かされていた。また、**社会福祉士**【↓用語集】の資格を取得する実習施設の中でも、児童相談所は比較的人気の高い実習施設であった。今や、虐待対応のしんどさから不人気となっていると聞く。受験生が集まらないのは、そのような理由なのだろうか。

　大阪府の社会福祉職は、およそ５００人前後といわれている。そのうち半数は児童相談所の職員である。２０１８年現在、児童相談所には児童福祉司が１７２名、一時保護所の**児童指導員**【↓用語集】が54名配属されている。そこに、毎年、新規採用職員が20名近く配属される。かつて、児童相談所の現場にいたものからすれば、これはたいへんな数である。

　筆者も、新人時代は児童福祉司の先輩方にお世話になった。きっと、先輩方は、手間のかかる奴やなと、あきれていたと思う。十数年前といえども、児童相談所に余裕があったとはいえないが、ベテランの児童福祉司はたくさんいた。わからなければ、先輩職員に聞けたものである。筆者が入庁したころは、児童相談所に新規に配属されたのは、全体で、わずか3名であった。6か所の児童相談所があったので、半分は新人が配属されない。そのため、指導を受けるのには、恵まれた環境であった。

　今や、50人60人の新規採用職員の中から、3分の1以上が児童相

表1-5　児童福祉司の勤務年数［厚生労働省　2019b　367頁より作成］

（2019年4月1日時点）

	2014	2015	2016	2017	2018	2019
1年未満	13%	15%	17%	14%	18%	20%
1～3年	28%	26%	26%	26%	23%	29%
3～5年	18%	18%	18%	17%	16%	16%
5～10年	24%	25%	23%	25%	26%	21%
10年以上	16%	17%	17%	17%	14%	15%

談所に配属されている状況である。もはやそんな悠長なことはいえないと、想像がつくだろう。

この状況は、大阪府に限ったことではない。表1-5は、全国の児童相談所に勤務する児童福祉司の勤務年数のデータである。

この表を見るかぎり、経験年数1年未満の児童福祉司は確実に増加している。また、経験年数が3年未満の児童福祉司が約49％にのぼる現状は、構造的な欠陥があることを意味している。決して、ブラック企業とはいわないが、経験年数の短い児童福祉司が多いことの背景には、行政機関ならではの人事異動もあるのだろうが、理由はそれだけともかぎらない。

評論家や世間がいうように、人事異動をさせないという手段もあるが、同じ児童相談所に10年もいれば、おそらく、大半の職員は疲弊するだろう。交代制勤務体制ではないが、24時間365日、何かあれば出動できる心づもりが必要な職場だからだ。また、虐待対応だけでなく**児童養護施設**【↓用語集】等で起こる子どもの不適応の対応も当の施設と同様に措置機関の児童相談所が担っている。

職員を使い捨てにする気なら、それでもよいのかもしれない。しかし、キャリアアップのため、さまざまな経験を積ませるのであれば、児童相談所内であっても異動をさせるべきである。虐待対応に特化したスペシフィックなソーシャルワークのスキルのみを取得してもケース全体をみる**アセスメント**【↓用語集】力が乏しければ、社会福祉職としては十分とはいえない。

職員が増員されることは歓迎すべきだが、人材養成に対策を講じなければ、新人・新任職員が十分に指導を受けられず溢れかえる環境となる。新人・新任職員と同様に指導的職員の質の担保も課題である。スーパーバイザーは、児童福祉司の経験が5年以上と規定されているが、実際には10年以上のキャリアが必要である。そのスーパーバイザーの養成も急務である。単純に児童福祉司としての経験が5年あれば、教育的指導的役割の児童福祉司になれるわけではない。次に、スーパーバイザーの養成について考えてみる。

仮に、全国の児童相談所に配置されている児童福祉司数は3400人であると仮定し、児童福祉司経験10年以上の者が15%であるとして単純に計算すれば、約510人が10年以上のキャリアの持ち主である。教育的指導的役割のスーパーバイザーは、児童福祉司5人につき1人配置するように決められている。現状であれば、やや不足しているが、それでも8年目9年目の職員が対応すれば賄うことはできている。

しかし、2022年度までに児童福祉司を2000人増員するということは、新たに350人以上のスーパーバイザーを養成しなければならない。どのように数字を見積もっても足りそうにない。現実的には児童福祉司の仕事が、ようやくわかってきたギリギリ5年目あたりの中堅層を養成指導者とせざるを得ない。児童虐待対応の中核を担うスーパーバイザーが未熟であれば、極めて危険である。話はもどるが、今後の児童福祉司の増員や配置の状況をみると、キャリアアップのためでさえ異動させることは、かなわないのかもしれない。

2016（平成28）年に児童福祉司に関する国家資格化の議論があった。当時、養成校の団体は、新たな国家資格の創設に反対を唱えた。筆者も新たな国家資格化の必要性は感じなかった。資格を取得したところで、活用できない養成カリキュラムの内容であれば、まったく意味はないと考える。

穿った見方だが、大学等教育機関は、新たな国家資格が決まれば、資格の合格率をあげるために、実務よりも資格取得を目的とした教育に力を入れるのではないだろうか。少なくとも、筆者が大学教員の頃なら、そのような対策を打っていたはずである。

一方で、西澤哲氏は、さまざまな場において、子ども家庭福祉士の資格創設の必要性を発信している。社会福祉の現行の資格である「社会福祉士」の養成カリキュラムは、ジェネラル・ソーシャルワークの専門職を目指す枠組みであり、虐待事例のソーシャルワークには、高度な知識・技術が必要であるからだ。しかし、現行の養成カリキュラムでは、虐待事例のソーシャルワークに関連した科目は1科目であると、従来の資格制度の限界を説明している。また、西澤氏の主張を簡単に表に整理してみると、表1-6のようになる。

これまでの社会福祉分野では、ニーズに応じた制度を活用しサービスを提供

表 1-6　相談事例と虐待事例の対比［西澤　2019］

種　別	親との関係性	求められるスキル
相談事例	親の意向に沿った支援の提供	制度の運用
虐待事例	親と意向が対立する可能性あり	見立て・アセスメント力

することによって支援がなされてきた。しかし、児童虐待対応は、制度運用を活用したスキルのみでは、児童相談所のソーシャルワークを展開できない。児童福祉司には専門性の一つとして、ケースを見立てる高度な力が求められ、そのためには臨床ソーシャルワークを修得する必要がある。

先ほど、新たな国家資格は必要ないと書いたが、これまでの現場感覚からみれば間違いはないし、子ども家庭福祉士の資格の創設とその有用性を感じる。ただ、これらを教授できる教員がいるのかといえば厳しいだろう。児童相談所等での臨床経験を積み、児童虐待のソーシャルワークや心理学等を研究した教員は限られている。もっとも、必要性は認められるので、子ども家庭福祉士の資格取得方法を検討していくべきである。

一方で、新たに子ども家庭福祉士の資格を創設する発想に対抗して、それならば、障害福祉士や生活保護福祉士などの資格の創設が必要との意見もある。しかし、児童相談所のソーシャルワークがジェネラルなソーシャルワークのみで通用しないことを理解していれば、このような発想にはならない。こういった意見はあまりにも児童相談所のソーシャルワークが知られていないことを意味する。

さらに、残念なことであるが、この議論は、消えた児童福祉司の国家資格化からわずか2年後の2019年にも同じ話題としてあがってきている。これは、この期間、何ら対策を打たず人任せや保身に走った結果のあらわれであろう。子ども家庭福祉分野は、子どもの命に直結することから、悠長なことは言ってられない。スピード感が問われる。

児童福祉司の質を担保するためには、単発の研修やＯＪＴのみでは限界がある。これは、「７日本一の児童虐待のまち大阪」で説明したように、児童相談所の規模や地域性によって質と量が違うことに起因する。

将来的には家庭裁判所の調査官のような職員を養成する研修制度が望まれる。一定期間の研修を経て現場にでて、臨床経験で得た課題をもちかえり、研修センターで再度一定期間の研修を受ける中でフィードバックし、学修を深め、スキルをみがく。児童相談所の児童福祉司等の養成も司法機関の養成のような方法を取り入れるべき時期なのだ。

２０１９（令和元）年の児童福祉法改正によって児相福祉司スーパーバイザーの任用が厳格化されるようになったが、それだけでは質を担保する保証はない。利害関係に左右されるのではなく、実務のできる有用な児童福祉司の高度な研修体制や養成体制の充実が望まれる。

いずれにしても、児童福祉司は、高度なソーシャルワークを展開していく専門職であるにもかかわらず、なり手が少ない。その要因は、児童福祉司の養成と研修体制の不備がもたらしていることは明らかである。このことを放置し続けたり、対処療法しか行なわないならば、ますます、人手不足をまねくことになるだろう。

２０１９年4月13日のＮＨＫのニュースでは、８つの自治体（東京都、埼玉県、千葉県、大阪府、広島県、福岡県、仙台市、さいたま市）では、児童福祉司が必要な配置基準に対して、２３０

名あまり不足していることがわかり、あらためて、人材不足が浮き彫りになった。現在、児童福祉司の配置基準は人口4万人に1人であり、その他虐待対応数によっても決められているが、さらに、2018（平成30）年12月に通達された、新たな児童虐待防止対策体制統合強化プランでは、児童福祉司の配置基準を人口3万人に1人、児童福祉司1人あたりの業務量を虐待相談以外の相談を含め、虐待相談約40ケース相当の業務量となるように見直し、改善させる。そうなれば、全国的にも人手不足が加速することは、目に見えている。

児童福祉司の業務は、高度であり、しんどい仕事だからこそ、やりがいがあるのではなかろうか。虐待から子どもを護る児童福祉司のなり手に、ぜひとも多くの方がチャレンジしてほしい。

次節では、児童福祉司が身につけるべきスキルについて具体的に述べる。

10 児童福祉司の実務の専門性

虐待相談の活動は、大きく区分すれば保護者面接・児童面接・関係機関調整の3つに分類できる。また、具体的対応として、通所指導・一時保護・施設入所を行なう。図1-4をみてみると、通所指導の中には児童福祉司指導が含まれている。これは、児童福祉法第28条承認後や一時保護解除後に児童福祉司が保護者指導を行なう場合に適用する場合がある。

児童福祉法第28条は、裁判所に申立てを行ない承認されると、保護者の意に反して児童を施設等へ措置することができるというものである（→第2章7節）。これを適用するため、児童相談所は、虐待等の子どもの権利侵害事案への対抗措置のために、法的対応として、これらの手続き等に全力を注ぐ。他の社会福祉相談援助職にはみられない特殊な業務内容となっている。

併せて、保護者のニーズと相反する相談が非行相談である。保護者が困って相談に来るケースは良いが、困っていない、協力的ではない場合には対立する。ましてや、学校や警察と役割分担や連携が機能しないまま、児童相談所の一時保護の機能や施設入所の措置機能だけが期待され、関係機関とすら対立することもある［川並・茂木・鈴木　2016　91頁］。

児童相談所は、児童福祉法第25条（→第2章1節）を根拠として、**要保護児童**【→用語集】通告先として、14歳未満の**触法少年**【→用語集】、18歳未満の

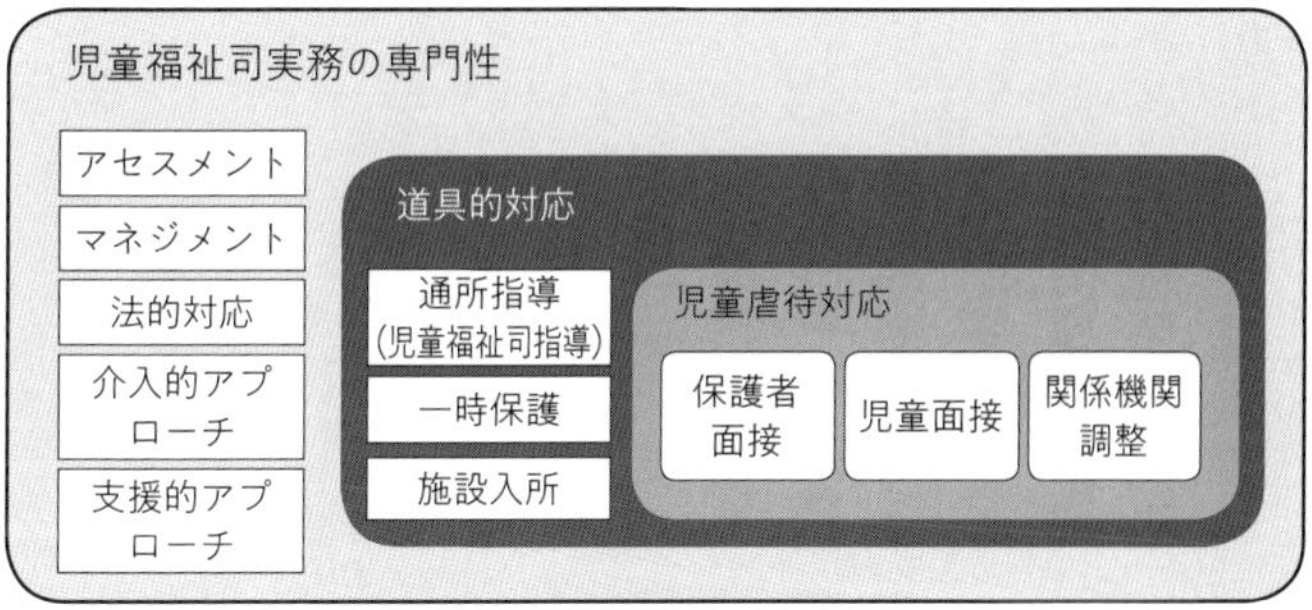

図1-4　児童福祉司実務の専門性

ぐ犯少年【↓用語集】の事件を警察から受理している。非行相談は、年々減少しており、統計上は総数のわずか3・1%であるが、現場の感覚からは非行相談が減少しているとは実感できない。ここには非行統計の数字にはあらわれない裏事情がある。

非行相談を専門とする窓口は、少年サポートセンターや法務少年支援センター【↓用語集】（少年鑑別所）かもしれないが、ネグレクトによる非行少年のケースは、事実上、通告を受けた児童相談所が担わざるを得ない。そのため、児童福祉司は、虐待相談と同様に高度な非行相談のスキルも身につける必要がある。

警察を経由し、児童相談所に通告書が届くまでに相当なタイムラグがある場合も少なくない。児童相談所は通告書を受理し、保護者を呼び出すが、その頃には、すでに保護者の相談意欲は喪失してしまっている場合もある。

しかし、非行相談においては、保護者の適切な関与が非行児童の支援に大きく影響することは明らかになっている。非行問題の改善のキーポイントは、保護者の理解と協力を得ることである［川並ら 2016 92頁］。つまり、虐待相談同様、子どもの支援のために、たとえ保護者のニーズがなくても、あるいは保護者の意に反してでも対応をする必要がある。

このように、保護者にニーズのない相談を「介入」「関与」という方法で「相談」にしていくことが児童福祉司の実務の特殊性であり、困難性だと考えられる。

ただし、ソーシャルワークの展開において、インテーク【↓用語集】、アセスメント、プランニングの次に来る「支援の実施」はインターベンションとよばれ、その直訳はまさしく「介入」である。「介入」と「支援」は決して別次元ではない。子どもの権利擁護のアドボケーターでもある児童福祉司は、ニーズがないから相談を受理しないとは決して言えない立場にある。ニーズがなくても関わっていかなくてはならないし、そこには、実務面での高度な専門性が求められる。

児童相談所には、他の福祉機関とは違ったアプローチとして、前述したように、子どもを護る方法として法的対応がある。児童相談所の児童福祉司が行なう法的対応業務の中では、児童福祉法第28条と児童福祉法第33条（→本章2節）の対応は大きなウェイトを占めている。両条文の規定は、子どもを権利侵害か

表 1-7　児童相談所の主な業務と根拠法

根拠法	対応	家裁申立て
児童福祉法第 26 条第 1 項 2 号 第 27 条第 1 項 2 号	児童福祉司指導	不要
児童福祉法第 27 条第 1 項 3 号	施設入所措置	不要
児童福祉法第 27 条第 1 項 4 号 第 27 条の 3	少年事件の家庭裁判所への送致	必要
児童福祉法第 28 条第 1 項 第 2 項	家庭裁判所の承認による施設入所措置	必要
児童福祉法第 33 条	一時保護 ＊不同意 2 か月超	不要 ＊必要
児童福祉法第 29 条 児童虐待防止法第 9 条	立ち入り調査	不要
児童虐待防止法第 9 条の 3	臨検捜索	必要
児童福祉法第 33 条の 7	親権喪失，親権停止	必要
民法第 839 条，840 条	未成年後見人の申立て	必要

ら救済し、擁護する切り札ともいえる。他にも、臨検捜索、親権停止、親権喪失という社会福祉の相談機関としては、類をみない児童相談所特有の法的対応にかかる業務がある。わかりやすくするために表1-7に、児童相談所の主な業務と根拠法を整理した。

児童相談所が、法的対応力を試されるのは、児童福祉法第28条による入所措置にかかる業務や親権停止などであるが、ここでは最も日常的に行なわれている一時保護について述べる。

一時保護は、児童福祉法第33条に規定されており児童相談所長の判断のもと執行される。2016年児童福祉法改正の際には、これに関して議論が行なわれている。児童福祉法改正のもとになった「新たな子ども家庭福祉のあり方に関する専門委員会」(以下、専門委員会)の報告では、一時保護に関して、「児相による行政処分として従来行われてきた親権者や子どもの権利の制限行為は、結果として、児相と保護者・親権者の対立構造を生み出し、その後の安全な家庭への復帰を目標とした支援が進まない事例が多く経験されてきた」と指摘したうえで、「司法が一連の親権制限(子どもの権利制限を含む)に対して適切に判断するなど、司法の関与を強化する必要があり、これが適切に行われるためには子ども家庭福祉に関わる者の専門性を高める必要性がある」と結論づけている[厚生労働省 2016]。

この報告書では、これまでの児童相談所の判断が、保護者との対立を生んできたことを指摘し、法的対応を行なう児童相談所はより客観的な根拠をもとにして一時保護の判断をするために、法的対応に耐えうる専門性を身につけることが必要であることが示唆されている。

常に、児童相談所は虐待対応として、職権による一時保護（＝行政処分）を実施するのかどうかを迫られると言ってよい。これが、専門性によって担保されなければならないことは明らかであり、専門委員会が指摘するとおりである。

児童虐待による職権一時保護対応を行なう児童相談所は、社会的要請に応じるために、法的対応力を強化しなければならない。２０１９年の児童福祉法改正の内容が示している弁護士の配置は、まさしく、児童相談所の法的対応の補完・強化のためであるといえる。弁護士の協力を得ながら、もしくは弁護士とともに、児童福祉司は、法的対応による介入的ソーシャルワークを行使していかなければならない。

児童福祉司の実務の専門性を担保するためには、法的対応における介入的ソーシャルワーク、マネジメント力、アセスメント力の3つのスキルを高めなければならない［川並・井上　２０１７　33頁］。

児童福祉司の実務の専門性は図１‐４に示したとおりである。

次に、保護者から施設入所同意が得られないケースにおいて、児童福祉法第28条に基づき、家庭裁判所に申立てを行なう際、児童福祉司が行なう実務をみてみよう。

児童相談所は、著しい虐待が認められ保護者に監護させることが適当でないと判断すれば、保護者の同意なく児童を施設に入所させるために、家庭裁判所に申立てを行なう。この場合、児童福祉司は、児童虐待の道具（具体）的対応として児童を職権一時保護するなどの法的対応を執ることが前提になる。それぞれの相談活動に関わるスキルは次のとおりである。

・保護者面接　→支援的アプローチと介入的アプローチ、法的対応力、アセスメント力
・児童面接　→客観的事実を確認する面接技術、アセスメント力
・関係機関対応　→マネジメント力

保護者面接では、保護者の意向と相反し対立関係が生じることがあるため、介入的アプローチを駆使し対応することになる。意見が並行し児童の福祉に著しい不利益があれば、家庭裁判所に施設入所の適否判断を委ねる。いわゆる、法的対応である。

この場合、家庭裁判所は、施設入所の適否をジャッジする機関であり、保護者側や児童相談所側の片方に寄り添うような判断はしない。よって、児童相談所が作成して裁判所に提出する資料は、いかに客観的事実を正確な記録によって積み上げられるかが勝負であり、だらだらと感情論で訴えたとしても意向が通ることはない。さらに、性的虐待などの場合は、高度な疎明資料の作成が要求されることから、司法面接を取り入れるなどの手法を理解していなければならない。

このように、児童福祉司は、他の社会福祉援助職とは異なる性質の相談援助技術を実務において

使用している。それは、児童相談所には子どもの権利侵害に対応する機関としての責務があり、その行使にあたって法的対応にかかる業務を任されているからである。

その一方で、家族再統合に向けた取り組みも担っている。児童福祉司に、介入的アプローチと支援的アプローチの両刀使いという矛盾した二元的アプローチが課せられてから久しい。また、児童福祉司に求められるスキルは、ジェネラルなソーシャルワークを行なう相談援助職に求められるスキルとは違う。これらは支援と介入に関連するため、第3章「支援と介入にならぶ人」において再度詳しく述べようと思う。

[註]

＊1　児童福祉司：児童福祉司は、児童福祉法第13条第4項において、児童相談所長の命を受けて、児童の保護その他児童の福祉に関する事項について、相談に応じ、専門的技術に基づいて必要な指導を行う等児童の福祉増進に努めるものとある。
[解説：児童福祉司は、都道府県知事の補助機関である職員とし、児童福祉法第13条第3項の各号のいずれかに該当する者のうちから、任用しなければならない]
一　都道府県知事の指定する児童福祉司若しくは児童福祉施設の職員を養成する学校その他の施設を卒業

し、又は都道府県知事の指定する講習会の課程を修了した者
二　学校教育法に基づく大学又は旧大学令に基づく大学において、心理学、教育学若しくは社会学を専修する学科又はこれらに相当する課程を修めて卒業した者であつて、厚生労働省令で定める施設において一年以上児童その他の者の福祉に関する相談に応じ、助言、指導その他の援助を行う業務に従事したもの
三　医師
四　社会福祉士
五　精神保健福祉士
六　公認心理師
七　社会福祉主事として二年以上児童福祉事業に従事した者であつて、厚生労働大臣が定める講習会の課程を修了したもの
八　前各号に掲げる者と同等以上の能力を有すると認められる者であつて、厚生労働省令で定めるもの

＊2　岸和田事件：当時中学3年の長男に対する虐待事件である。保護されたとき、長男は身長155センチに対し、体重が24キロと餓死寸前にまで追い込まれていた。大阪地方裁判所にて父、継母の両被告に懲役14年の実刑判決が言い渡された。

［文　献］

大阪府（２０１８）大阪子ども家庭白書平成30年度版（平成29年度実績）
加藤俊二（２０１６）『児童相談所70年の歴史と児童相談』明石書店

川並利治（2019）「中核市及び特別区における児童相談所設置の意義と課題」『金沢星稜大学人間科学研究』第12巻第2号

川並利治・井上景（2017）「児童相談所設置に向けた中核市の課題と提言」『花園大学社会福祉学部研究紀要』第25号

川並利治・茂木健司・鈴木勲（2016）「非行児童の支援のあり方についてのまとめと提言」『非行児童の支援に関する研究』厚生労働省　子ども子育て推進調査研究事業

厚生労働省（2016）「新たな子ども家庭福祉のあり方に関する専門委員会」報告

厚生労働省（2018）「平成29年度福祉行政報告例の概況」　https://www.mhlw.go.jp/toukei/saikin/hw/gyousei/17/dl/kekka_gaiyo.pdf

厚生労働省（2019ａ）「児童虐待防止対策の状況について」　https://www.mhlw.go.jp/content/11920000/000536278.pdf

厚生労働省（2019ｂ）「令和元年度全国児童福祉主管課長・児童相談所長会議資料」児童相談所関連データ　https://www.mhlw.go.jp/content/11900000/000535923.pdf

厚生労働省ホームページ（2018）平成30年度「児童虐待防止推進月間」について　https://www.mhlw.go.jp/stf/houdou/0000183180_00002.html

才村純（2005）『子ども虐待ソーシャルワーク論』有斐閣

才村純・澁谷昌史・柏女霊峰（2004）「虐待対応等に係る児童相談所の業務分析に関する調査研究」『日本子ども家庭総合研究所紀要』第41集

西澤哲（2019）「子ども虐待対応の専門性の向上に向けて：子ども家庭福祉領域の新たな国家資格創設の必要性」児童の養護と未来を考える議員連盟の資料（2019年1月29日）

Column 1

児童相談所と商売繁盛の神様

関西に住んでいると、商売繁盛の神様といえば、大阪の今宮戎神社、兵庫のえびす宮西宮神社、京都ゑびす神社を思い浮かべる。毎年、1月10日前後にえべっさんに参拝し、昨年授かった笹を神社に返納する。また、今年新たに授かった笹にいくつかの縁起物をつけてもらうのが習わしのようである。商売や営業をしている人ならば、年始の恒例の行事かもしれない。筆者も幼いころ祖母に連れられて参拝した。神社の境内には、「商売繁盛で笹もってこい」と威勢のよいえびす囃子が流れていたことを思い出す。

しかし、警察官、消防署員は、商売繁盛になると犯罪や災害が増えて困る職業である。同様に、児童相談所も商売が繁盛することは、悲惨な児童虐待が増えて困る職業でもある。そのため、児童相談所の児童福祉司に配属されれば、戎神社とは縁を絶つ。

新年を迎えてすぐのある日、1年目の児童福祉司と電車に乗り家庭訪問に出かけた。年始から彼と出張に出かけることが増えていた。たまたま、えべっさんの笹をもったご高齢の方が視界に入り、まさかと思いつつも、彼に、「えべっさんにお参りしていないよね?」と尋ねると、その正月に戎神社に参ったという。商売繁盛の強力なご利益が続いていた……。筆者は普段はあまり信心深くないのだが、このときばかりは神様の力を信じた。えべっさんの商売敵になってしまうが、彼には、戎神社だけは参らんといてほしいと懇願した。

京都ゑびす神社

第2章

警察官の行列

1　児童虐待通告の経路別ランキング

　全国の児童相談所が、児童虐待通告を受理する最も多い機関は、どこであろうか。これは、厚生労働省が公表している統計(「全国児童福祉主管課長・児童相談所長会議資料」など)をみればわかる。近隣や子どもの所属機関の保育所・学校かと思うかもしれないが、そうではない。

図2-1をみれば一目瞭然であり、堂々と警察がランキング1位である。警察は、児童相談所に年間7万9150件の児童虐待事案を通告している。2018(平成30)年度、全国の児童相談所が受け付けた児童虐待通告15万9850件のうちの約50%を占める。つまり、児童相談所が受け付ける児童虐待の約半数は、警察からの経路となっている。児童相談所に警察官の行列ができるのだ。

　なぜ、このような結果になっているのだろうか。警察が児童相談所に通告する虐待の大半が、面前DV(ドメスティックバイオレンス)というものである。面前DVとは、18歳未満の子どもの前で、保護者が配偶者等に対する暴力を行なうことである。2004(平成16)年の児童虐待防止法の改定によって、面前DVは心理的虐待にあたると明記された。また、専門家の研究おいて、

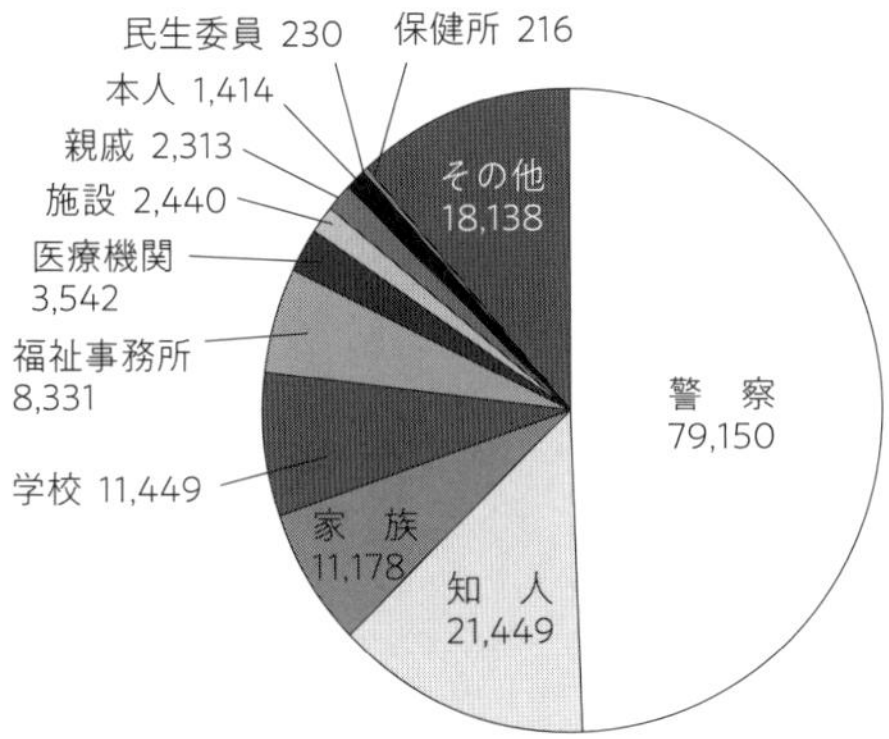

図 2-1　児童相談所の通告経路（件数）［厚生労働省　2019 より作成］

面前ＤＶは子どもの発達にとって悪影響を及ぼすことが明らかにされている。２０１３年以降、警察は、面前ＤＶを認知した場合、全件、児童相談所に通告することになった。これが行列の一つの理由である。

筆者も、警察から送られてくる面前ＤＶの通告書をもとに、保護者と面接を幾度となく繰り返してきた。まず、両親宛に招致状を郵送し児童相談所へ来所されるように呼びかける。来所しないケース、ドタキャンするケースもある。「なぜ、夫婦喧嘩しただけで、児童相談所に行かなければならないのか」と不満を言う保護者など、その意識は低い。母親のみ来所し父親はあらわれないこともたびたびみられた。これでは、対応を終結することができないので、嫌がられても追っかけていく。

面前ＤＶで通告のあったケースの多くは、すでに、児童相談所において情報を収集しアセスメント済みであるため、ルーチンワークのように淡々と業務をこなしていた。しかし、わずか数%であるが、極めて危険なケースが潜んでいることがある。千葉県野田市の小学4年女児の虐待死事案は、背景にＤＶ関係があったといわれているし、往々にしてＤＶと虐待との関連性は高く、一体的な取り組みが求められる。来所した保護者には、面前ＤＶの子どもへの影響等を丁寧に説明する。

児童相談所の職員が犯罪を起こしたわけではないが、児童相談所の受付窓口には警察官がならぶ。その理由はわかってもらえたであろう。警察署の封筒を携え、また、風呂敷包みを携えた警察官が「要保護児童通告書」を持参し児童相談所に来所するのだ。これが、警察官の行列のもう一つの理由である。鏡文の1枚の薄い通告書から、黄色い電話帳タウンページ（最近見なくなったが）の厚さの通告書まで、内容は、児童虐待に関するもの、非行に関するものである。こうして届けられるのはすべて、児童福祉法第25条による要保護児童のための通告書である。大阪府でいえば6つのセンターに各警察署から年間５１００件程度の通告があるので、毎日、複数の署から欠かさず、通告書が届けられている計算になる。

では次に、児童福祉法第25条みて、実際の遵守における課題を検討することにしよう。

児童福祉法第25条

要保護児童を発見した者は、これを市町村、都道府県の設置する福祉事務所若しくは児童相談所又は児童委員を介して市町村、都道府県の設置する福祉事務所若しくは児童相談所に通告しなければならない。ただし、罪を犯した満十四歳以上の児童については、この限りでない。この場合においては、これを家庭裁判所に通告しなければならない。

（傍線は筆者による）

傍線部を見てほしい。要保護児童を通告するところは、児童相談所だけではない。市町村や福祉事務所も通告先になっている。しかし、市町村や福祉事務所に届けられる通告書はほぼない。法律上、市町村等に通告することは可能であるが、実際には行なわれていない理由は何か、しっかりと考えなければならない。児童相談所に通告が一極集中しているため、行列が生まれる。

2018（平成30）年12月7日に開かれた第4回市町村・都道府県における子ども家庭相談支援体制の強化等に向けたワーキンググループの会議において、児童相談所に通告が集中している理由について、3つの意見が話し合われた。

①今いびつになっているのは児童相談所への警察からの通告が50％になっていることであり、ここここそトリアージ【↓用語集】をしていかないといけないのではないか。

②警察からの通告の児童相談所への一極集中について、警察側においても当事者にとってどのような対応が必要であり適切か検討してもらうべき。
③面前DV、泣き声通告が集中し、児童相談所の業務を圧迫しているが、市町村に安全確認を依頼する、または一緒に行なうという運用が可能である。窓口を一本化するより、通告受理後に適切に対応しているかということについて議論していくことが必要。

増え続ける面前DVを減らすことができないのであれば、児童相談所への一極集中は回避しなければならない。しかし、その受け皿となる市町村も第一窓口として虐待対応に手が回らない。いくら制度的に児童相談所から市町村への送致ができるようになったとはいえ、市町村からこれ以上ケースは受けられないと言われれば、無理強いはできない。決して、市町村に余裕があるとは思えないからだ。ある程度大きな自治体であれば、設置が進んでいると言えなくもないが、市町村子ども家庭総合支援拠点の強化だけではなく、増加しない児童相談所を設置することも検討すべきなのかもしれない。

2 警察との連携

筆者が児童相談所に勤務していた頃は、警察と行なう虐待の対応は慎重に行なうようにと上司から言われたものであった。現在は、日本一の児童虐待対応をしている大阪府を含め、一部の自治体で警察との児童虐待情報の全件共有が進んでいる。

児童相談所も警察も「子どもの命を護る」ことを使命としていることには違いはない。このことは、児童虐待対応をとおして感じたことである。子どものことを第一に考えて業務を行なう警察官の姿勢に共感し、心強く思ったものだ。

児童相談所と警察の違いは何かといえば、行動原理である。児童相談所は、児童福祉法等を根拠として福祉的支援を行なう行政機関である。一方、警察は、警察法等を根拠として権力行使をもって公共の安全と秩序を維持する行政機関である。もう少し、簡単にいえば、児童相談所は相談機関であり子どもの権利擁護の機関であるのに対して、警察は捜査機関である。このことを知るものであれば、警察との連携は慎重にならざるを得ない。児童相談所には、子育てで悩んでいる母親も相談に訪れる。下手をすると、このような母親までもが、犯罪の可能性のある要注意者リストとして、警察に情報管理がなされしまう。

筆者が児童虐待対応をしていた頃は、警察との連携の難しさを感じていた。一つのケースに対し最初は、勢いのある警察の動きも、確定的な証拠がなく立件【↓用語集】が難しくなると、急にトーンが落ちる。不起訴ならまだしも、起訴【↓用語集】しない場合は、警察からはしごを外されたようになり、そこに、それ見たことかと、保護者からの反撃が始まる。警察は、事件化ができるケースに対しては、積極的に捜査を進めるが、そうでなくなれば士気が一気に下がる。刑事事件の有罪率99%が意味するところである。罪刑法定主義【↓用語集】の社会では、この警察の動きは当然である。逆を言えば、疑わしい罪を追求し自白の強要となっては困るのだ。疑わしき部分や虐待に関しては、児童相談所がソーシャルワークによって介入や支援を行ない、虐待の抑止や予防をすべきである。しかし、その負担の大きさは目に余る。児童相談所の職員は、世間のいう「連携」というきれいな言葉に惑わされず、この行動原理の違いを認識したうえで、子どもの最善の利益を護るために、連携できる部分を真剣に考えて、ともに協働しなければならない。

3　虐待情報の全件共有がもたらすもの

これまでの経過を踏まえて、警察と児童相談所が、児童虐待に関する情報を全件共有することは一定の範囲で評価することができる。これができなかったことにより、悲劇をまねいてしまった事案として、千葉県野田市の小学4年女児の虐待死事案がある。誰もが言うように、女児のSOSに対し、児童相談所が警察と連携を取り対応していたならば、女児を救うことができたであろう。

全件共有を行なうもう一つの理由として、社会的な要請があるだろう。世論は、マスメディアの発信から児童相談所と警察が連携をしていれば、このような悲惨な事案を防げたと認識している。筆者もこの事案の場合であれば、同様に感じている。

さらに、全件共有することは、漏れをなくす点で有効である。全件共有が行なわれなければ、数多くの児童虐待事案の程度・内容を、初期アセスメント段階で見立てられなければならない。そうでなければ、警察との連携が必要なケース、もしくは必要ではないケースと判断をしなければならない。いまや、児童虐待は子どもの命と直結するため、誤った判断は許されない。ならば、全件共有をして、精査する必要をなくせばどうかという主張は、よく理解できる。

しかし、虐待情報の全件共有が本当に適切なのかと、疑問に思うこともある。その理由の1点目は、児童相談所と警察の児童虐待の概念が、少し違うように思えることだ。マルトリートメント（育児不安からくる不適切な養育）も虐待ととらえるし、全治数か月という傷害事件や性虐待まで、虐待の程度には差がある。後者は犯罪という枠組みで考えられるため、わかりやすいが、前者の場合はどうだろうか。児童相談所が把握した育児不安の母親の情報まで、警察と情報共有するとなれば、どこかで関所ができそうである。家族や親戚が、母親の不適切な養育を児童相談所に相談すれば、児童相談所は必ず虐待情報を警察と共有する。例外を除いて虐待情報を全件共有しなければならないのであれば、人の心と行動はどのように変化するだろう。相談する行為をストップさせはしないだろうか。

虐待情報を全件共有している自治体からは、通告数の減少はないとコメントがある。これは一般の方に、虐待情報の全件共有がどのようなものかが周知されていないからではないだろうか。もし、全貌がわかってしまえば、通告を躊躇すると思う。今後の児童相談所への相談経路の変化や動向は注意深くみていく必要があるだろう。

全件共有に疑問を抱く2つ目の理由は、全件共有がもたらす児童福祉司のアセスメント力の低下を危惧するからである。筆者は児童福祉司の専門性の一つにアセスメント力があると考えてきた。アセスメントする行為は、ケースを見立てる力でもある。何が課題であるかを分析し支援や介入の方策を探り、援助の方針をたてていくことが、児童福祉司の仕事の醍醐味である。自ら、この実務の専門性を活用しないのであれば、専門職としての立場のありようを疑問視しなければならない。

育児に悩んでつい怒鳴って手を出して子どもに怪我をさせてしまったお母さんがいる。不適切な養育が福祉的支援によって改善されるケースもたくさん経験してきた。これまでにない勢いで保護者が児童虐待によって逮捕されていることも見聞きする。あたりまえかもしれないが心理的虐待や意図的とはいえないネグレクトによる逮捕は考えにくい。もちろん、「今からお前を殺すぞ」と言えば心理的虐待にあたり、同時に脅迫罪としても取り扱えるのだが、逮捕事案は、傷害容疑を中心にしたものが大半である。

たとえば、子どもが警察に１１０番通報をして、暴力をふるった父親がそれを認めれば現行犯逮捕になるだろう。もちろん、警察は、誰もかれも逮捕しているのではない。**要保護児童対策地域協議会**【→用語集】の台帳リストに登載されている家庭だと想像できる。警察もこの会議に実務者として入ってきている。児童相談所が市区町村と共有し管理するこのリストに登載され、「子どもへの虐待」、警察や司法でいう「傷害」が確認できて、被疑者（保護者）がその容疑を認めれば、警察が逮捕しない理由はない。

「躊躇なく一時保護」という言葉も危ないと感じる。それを真に受ける要請があり、一時保護は増加の一途をたどるだろう。背景に何があるのか振り返ってみることも大切である。誰もが、責任逃れの対応をとれば、保身のための一時保護や保身のための情報共有に向かうことが危惧される。大人の満足や安心を目的とした、不用意な一時保護は、子どもの心を傷つけるだけである。全件共有によって、アセスメントの精度が下がっている現在、児童福祉司の約49％が、経験年数3年未満である。アセスメントの機会が減れば、それだけスキルをみがく機会も失われると考えられる。

児童虐待にかかる事件の検挙件数・検挙人員の推移を調べてみたが、虐待の増加にともない増えている。２０１３（平成25）年までは３００件から４００件程度で推移しているが、２０１３

年と2018（平成30）年を比較すれば、検挙人員は約3倍の増加となっている。

気になって毎日新聞のデジタル版の2018年9月からの1年間について、「虐待」と「逮捕」の2つのキーワードをもとに検索してみた。すると、2019年2月の虐待による逮捕の記事は、26件とそれまでと比較すれば急激に増えたことがわかった（図2-2）。児童虐待に関する記事は、同月は75件あった。これは、2019年1月に起きた千葉県野田市の事案を受けたものと考えられる。また、そのうちの9件が同事案についての記事だった。これ以降、記事は減り、4月には1件と激減する。しかし2019年6月5日に札幌市で2歳女児の虐待死事案があり、6月には26件と増加した。8月は2件と減少したが、9月は8月末に起きた鹿児島県出水市の4歳女児の虐待死事案を受けた数多くの報道があった。

このデータによって千葉県野田市の事案以降、報道機関が児童虐待の逮捕事案を記事に取り上げるようになったことは明らかである。図2-3に示すように、児童虐待によって検挙される人員は増加し続けている。このことと虐待の報道が増えたことには何か因果関係があるのだろうか。これについては、今後の『犯罪白書』の結果を注視して判断する必要があるだろう。警察と虐待情報を全件共有することには注意深くならなければならないが、子どもや子どもの命を救うということでは、連携して積極的に対応する必要がある。虐待＝傷害＝逮捕という構図ができてもよいケースと、そうでないケースがあるだろう。

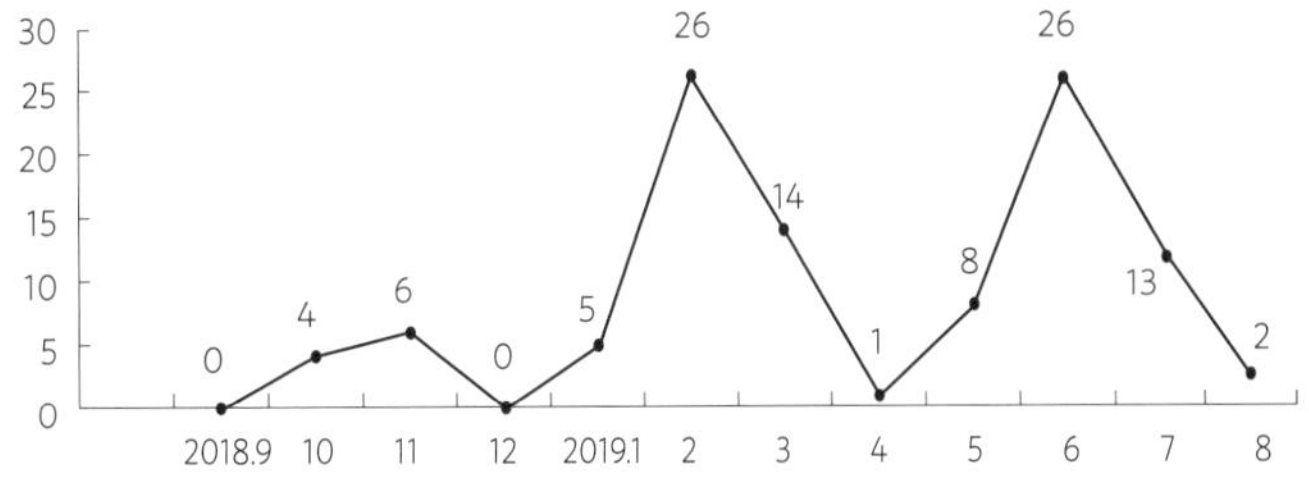

図 2-2　児童虐待逮捕報道の記事の件数推移

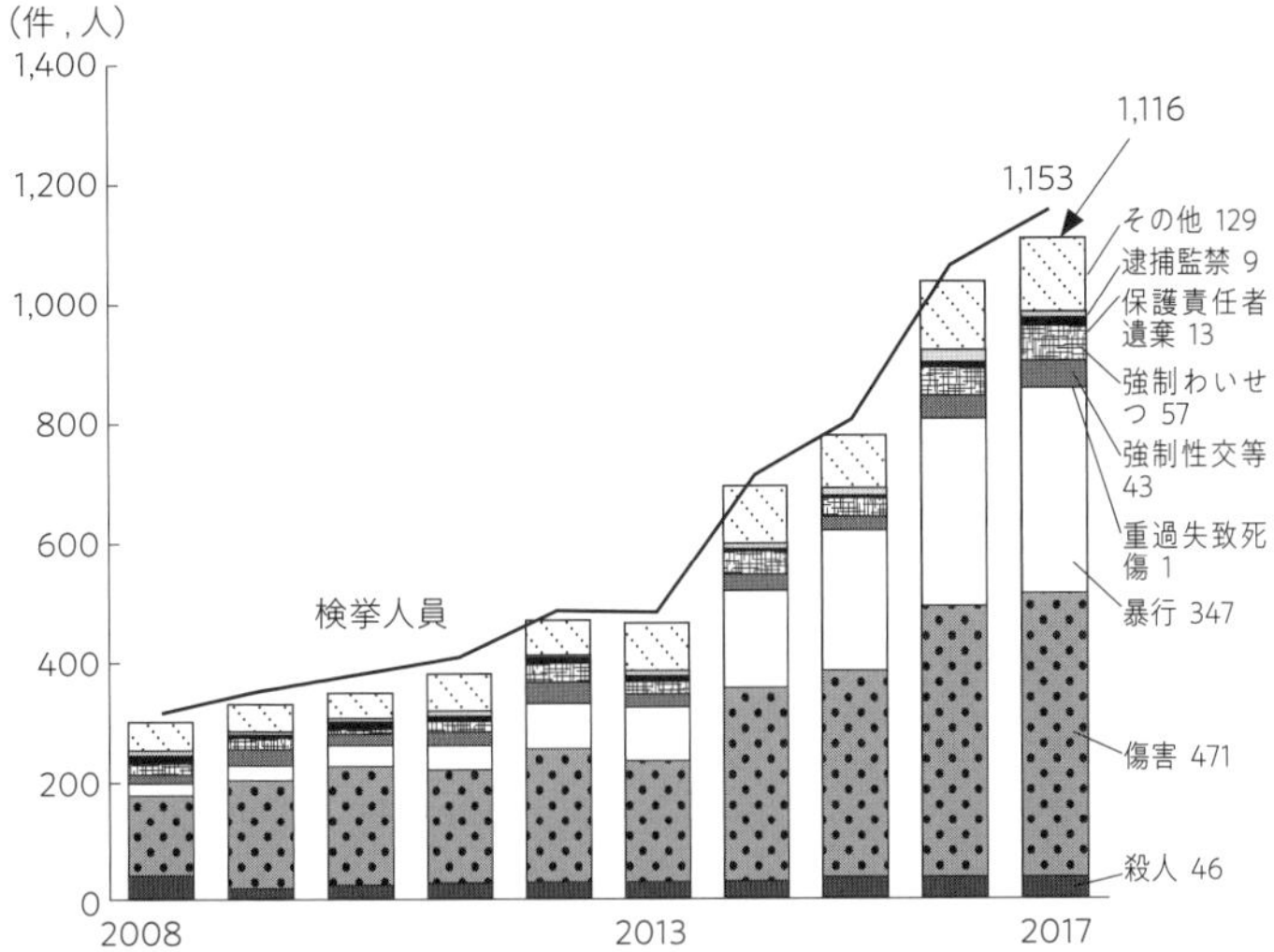

1　警察庁生活安全局の資料による。
2 「殺人」および「保護責任者遺棄」は，いずれも，無理心中または出産直後の事案を含まない。
3 「強制性交等」は，2016 年以前は 2017 年法律第 72 号による刑法改善前の強姦をいい，2017 年は強制性交等および同改正前の強姦をいう。
4 「その他」は，未成年者略取，児童買春・児童ポルノ禁止法違反，児童福祉法違反等である。

図 2-3　児童虐待にかかる事件検挙件数・検挙人員の推移（罪名別）［法務省 2018 より作成］

虐待情報の全件共有の必要性を謳っているシンクキッズのホームページ（http://www.thinkkidsjp/）をみると、児童相談所と警察の間で情報共有も連携もなく、通報がまったく活かされていない現状について、「児童相談所はほったらかし」「警察は事実上しらんぷり」と書かれていた。お互いが、うまく連携できていないことを指摘しているのだろう。

連携を進めるには、一方または両方を批判するのではなく、互いの課題を明らかにする姿勢が大切である。責任逃れの対応等、弊害が出ることを認識したのなら、原因は何なのか、何が問題なのか、どうすればよいのかを、再度子どもを中心に据えて検証してもらいたい。「連携」や「全件共有」という言葉が、いかにも素晴らしいものであるかのような風潮の中で、子どもを護るという視点が失われないように望みたい。連携は、間違いなく大切であるが、言葉だけが連呼され一人歩きしないことを祈る。

4　心理的虐待が増えたわけ

児童虐待防止法第2条は、児童虐待を「身体的虐待【↓用語集】」「性的虐待【↓用語集】」「ネグレクト【↓用語集】」「心理的虐待【↓用語集】」の4つに分類して定義している。統計をとったわけではないが、授業中に学生らに一番多い虐待はどれかと質問すると、身体的虐待と答えるものが大半であった。やはり、新聞やニュースでは、傷害事件で逮捕されるケースが報道されている結果であろう。実は、虐待の中では心理的虐待が一番多い。嫌なことを言うお母さんが増えたのか、それともグチグチ言う陰湿な親父が増えたのか？　いずれもそうではない。

虐待の区分の中で、身体的虐待が1位を占めていた時代はあったし、今も増加しており過去最多を更新し続けている。これまで、1位の座を堅持してきた身体的虐待が心理的虐待にとってかわられた理由について、2つの表（表2-1、表2-2）を使って説明してみよう。

心理的虐待が一番多くなった理由は、警

表 2-1　児童虐待種別件数）［厚生労働省　2019 より作成］

	身体的虐待	ネグレクト	性的虐待	心理的虐待	総数
平成 21 年度（2009）	17,371（39.3%）	15,185（34.3%）	1,350（3.1%）	10,305（23.3%）	44,211（100.0%）
平成 25 年度（2013）	24,245（32.9%）	19,627（26.6%）	1,582（2.1%）	28,348（38.4%）	73,802（100.0%）
平成 26 年度（2014）	26,181（29.4%）	22,455（25.2%）	1,520（1.7%）	38,775（43.6%）	88,931（100.0%）
平成 27 年度（2015）	28,621（27.7%）	24,444（23.7%）	1,521（1.5%）	48,700（47.2%）	103,286（100.0%）
平成 28 年度（2016）	31,925（26.0%）	25,842（21.1%）	1,622（1.3%）	63,186（51.5%）	122,575（100.0%）
平成 29 年度（2017）	33,223（24.8%）	26,818（20.0%）	1,540（1.2%）	72,197（54.0%）	133,778（100.0%）
平成 30 年度（2018）	40,265（25.2%）	29,474（18.4%）	1,731（1.1%）	88,389（55.3%）	159,850（100.0%）
（前年比増）	（+7,033）	（+2,653）	（+194）	（+16,192）	（+26,072）

表 2-2　児童虐待通告経路別件数）［厚生労働省　2019 より作成］

	家族	親戚	知人	本人	事務所	委員	保健所
平成 21 年度（2009）	6,105（14%）	1,237（3%）	7,615（17%）	504（1%）	5,991（14%）	317（1%）	226（1%）
平成 25 年度（2013）	7,393（10%）	1,554（2%）	13,866（19%）	816（1%）	6,618（9%）	290（0%）	179（0%）
平成 26 年度（2014）	7,806（9%）	1,996（2%）	15,636（18%）	849（1%）	7,073（8%）	281（0%）	155（0%）
平成 27 年度（2015）	8,877（9%）	2,059（2%）	17,415（17%）	930（1%）	7,136（7%）	246（0%）	192（0%）
平成 28 年度（2016）	9,538（8%）	1,997（2%）	17,428（14%）	1,108（1%）	7,673（6%）	235（0%）	203（0%）
平成 29 年度（2017）	9,664（7%）	2,171（2%）	16,982（13%）	1,118（1%）	7,626（6%）	218（0%）	168（0%）
平成 30 年度（2018）	11,178（7%）	2,313（1%）	21,449（13%）	1,414（1%）	8,331（5%）	230（1%）	216（1%）

	機関	施設	警察等	学校等	その他	総　数
平成 21 年度（2009）	1,715（4%）	1,401（3%）	6,600（15%）	5,243（12%）	7,257（16%）	44,211（100%）
平成 25 年度（2013）	2,525（3%）	1,680（2%）	21,223（29%）	6,498（9%）	11,160（15%）	73,802（100%）
平成 26 年度（2014）	2,965（3%）	1,714（2%）	29,172（33%）	7,256（8%）	14,028（16%）	88,931（100%）
平成 27 年度（2015）	3,078（3%）	1,725（2%）	38,524（37%）	8,183（8%）	14,921（14%）	103,286（100%）
平成 28 年度（2016）	3,109（3%）	1,772（1%）	54,812（45%）	8,850（7%）	15,850（13%）	122,575（100%）
平成 29 年度（2017）	3,199（2%）	2,046（2%）	66,055（49%）	9,281（7%）	15,250（11%）	133,778（100%）
平成 30 年度（2018）	3,542（2%）	2,440（2%）	79,150（50%）	11,449（7%）	18,138（11%）	159,850（100%）

察からの面前DVによる通告が増えたからである。2009(平成21)年度の通告経路は、家族14%(6105)、知人17%(7615)、福祉事務所14%(5991)、警察15%(6600)であり、4つの経路は、各々約15%でほぼ拮抗していた。しかし、2018(平成30)年度では、警察からの通告が7万9150件と、10年で12・0倍に増加している(表2-2)。また、2018(平成30)年度に児童相談所が受理した児童虐待通告の前年比増加分2万6072件のうち1万3095件は、警察からの通告によるものである。実に、前年比の増加分の50%が警察からの通告分となる。いかに、警察との連携が必要であるかといえる。

もう一つ気になることがある。家族からの相談件数は増えているが、全体に占める割合は減り続けていることである。筆者もよく、子どもの祖父母から相談を受けた。母親(娘)が子育てに悩んでいる。また、子ども(孫)にきつく怒鳴ったり、あたったりしている。どうしたらよいかとの相談内容である。祖父母には、母親に児童相談所の相談に来るように伝えるよう、言っていた。このようなケースでは、まだ家族とのつながりが存在するため、支援に結びつく可能性がある。だが、こうした家族とのつながりのあるケースが減っているのだ。実家から離れた遠方へ引っ越しているケースや、そもそも家族とは疎遠の方が多くなってきた結果のあらわれかもしれない。今後、家族や親戚からの相談や通告が減らないか注目しておく必要がある。

警察との全件情報共有は、前節でも推進すべきことであると述べたが、たとえば、祖父母から、母親（娘）の孫に対する養育に不適切なところがあると聞けば、虐待を認知した児童相談所は、母親に介入と支援を試みる。平たく言えば、母親にその養育方法は虐待であることを告知し、介入を行なって、暴力でしつけをしない方法を寄り添いながら一緒に考えていた。これが従来の児童相談所の、介入しつつも支援に結びつける最もポピュラーなソーシャルワークである。（ただし、このアプローチは、危険なケースには適さない）。

虐待情報の全件共有をしている自治体は、このようなケースをどのように処理しているのか一概にいえないが、仮に、祖母からの虐待通告を受けて母親と面接を行ない、社会調査等で虐待と判断すれば、児童相談所は、警察と協定を結んでいるので、当然、警察にその情報を提供する。あとから警察に報告する義務があることを知った祖父母は、児童相談所に対して警察に通告内容を伝えないでほしいと言うこともあるだろう。また、先日話した内容は、なかったことにしてほしいと頼まれることも想像できる。しかし、虐待を認知した児童相談所は、協定違反をすることはできない。筆者ならば、保身のために容赦なく警察に情報を提供するだろう。

警察との全件共有では、「積極的に共有すべきケース」「共有すべきケース」「共有が望ましくないケース」など、区分が必要である。一方で、この方法では、漏れが生じる危険性があることも認識しなければならない。漏れと称するものが、児童虐待の死亡事案や重症事案につながっていることは否定できないからだ。

何を捨てて、何を守るのか。もちろん、第一に子どもを護るのである。何もかもまぜこぜにするのではなく、もう少し、融通の利く考え方が望まれるのだろうが、そのためには、余裕とスキルが必要である。「全件共有」というきれいな言葉は、「連携」という建前を大切にして、アセスメントや精査する行為を省略し、結果的にスキルを低下させる。

このまま全国の自治体で、虐待情報の全件共有が進めば、今後、例にあげたようなケースでは、児童相談所と警察とがつながっていると知る家族からの相談や通告は減ってしまうのではないかと危惧する。一方で、ここまで虐待が増加し続ける中では、警察との虐待情報の全件共有のほうが安全だともいえる。この安全策と世論の意見が一致するのであれば、このやり方もやむを得ないかもしれない。

逆に、なぜ全件共有は評価されるのだろうか。警察は、取り扱った面前ＤＶのケースをすべて児童相談所に通告するようになって、評価されている。あたかも全件共有は素晴らしいとの印象を受ける。警察が通告することは、同時に児童虐待の案件に対して責任を渡すことでもある。この行為自体は、児童相談所に課せられた責務であり、受け取った虐待通告に対応するうえで適切なプロセスである。しかし、この行為を評価し、いかにも児童相談所が警察に情報提供していなかったことが間違っているような報道がなされていることには、疑問を呈したい。

面前ＤＶ（心理的虐待）の全件通告が増加し続けていることは、先の２つの表をみれば一目瞭然である。結果として、児童相談所の機能を停滞させ、行列をつくらせた。行列で待つ虐待ケースの中には、緊急度や重症度の高いものもある。

漏れなく児童相談所が面前DVによる心理的虐待に対応できることで、虐待情報を把握し、介入によって虐待を防ぐ効果は高い。決して、面前DVの全件通告が悪いわけではない。このまま法律に基づき継続して不断なく執行し、推奨すべきである。ただし一方で、この全件通告の不具合をしっかりと精査して、虐待情報の全件共有において改善できる方法や対策を考えるべき時期がきているともいえるだろう。

5 児童虐待と犯罪

かなり前の話だが、不適切な養育をしていた保護者の子どもを一時保護し、児童福祉施設に一時保護委託したことがある。その後の保護者との話し合いはうまく進展せず、平行線が続き、あげくの果てに、保護者が児童相談所や施設に許可なく、自分の子どもを連れ帰ったため、家庭訪問し施設に子どもを戻すようにはたらきかけた。保護者はこれにまったく応じなかったため、警察の方と相談したことがある。

すると、その案件は、事件なのか事件でないのかということになった。事件であれば警察が全面的に出て対応するが、事件でないのであれば児童相談所の虐待対応であるとの意味である。シンプルな考え方である。事件が発生していない状況下では、警察は踏み込めない。児童相談所が、児童虐待防止法第10条を根拠に警察に援助要請を行ない、警察は児童相談所の後方支援を行なうかたちで動く。警察が全面的に動き出すのは事件が発生した段階である。

立ち入り調査を想像すれば、よくわかる。当該家庭に対する児童虐待通告を児童相談所が受理し、子どもを現認することができない。家庭訪問をするが親が子どもに会わせないなどの事例で考えると、その時点では、事件は発生していない。児童相談所が当該家庭を訪問して、保護者が子どもに暴力をふるった痕跡があったり、保護者が暴力を認めた場合、暴行罪や傷害罪が成立し、事件となる。もしくは、職務執行に対する妨害や暴力があれば、その場で現行犯逮捕となる。また、任意同行で犯行を認めた場合も逮捕となるだろう。

児童虐待をした保護者に対して厳罰化の方向で世論は動いている。先に児童虐待で逮捕事案が増えていると書いた。「児童虐待罪」の創設は見送られたが、このような罪名をつくる話まで出ている。児童虐待は、犯罪であり刑法犯として取り締まりの対象だという発想である。そうなると、犯罪として認知のできる暴行罪や傷害罪として取り締まるべきであるが、家庭内で起こる虐待は発見されにくいため、検挙のハードルは高くなるだろう。また、このような動きは、凄惨な虐待死事案

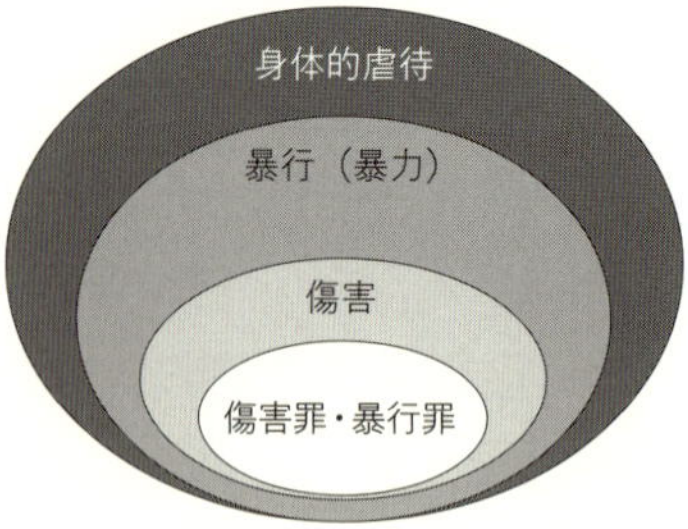

図2-4　児童虐待における暴力の概念図

の刑罰が軽いため、もっと戒めるべきであるとの発想から出てきたと思われる。飲酒運転の厳罰化に効果があったように、児童虐待も新たな罪名を創設し、厳罰化して減らしたいという発想である。

先にも記したとおり、児童虐待の定義は、「身体的虐待」「性的虐待」「ネグレクト」「心理的虐待」の4分類になっている。これらを児童虐待罪とすれば、心理的虐待やネグレクトまでもが司法の対象になる。児童虐待を減らしたいとの思いは誰も同じであるが、なぜ、親が子どもに虐待をしてしまうのかなど、発生の背景をみるべきである。

身体的虐待と犯罪との関係について、少し概念整理してみると、図2-4のようになる。

ニュースや新聞などでは、保護者が子どもに暴力をふるい怪我を負わせた傷害事件の場合、「母6歳児を虐待し逮捕」などと報道される。このような場合、警察はこれまでに虐待がなかったかを調べている。身体的虐待は、一般的には広い概念ととらえられていると考える。当然のことであるが、虐待は、本来ケアをすべき人、もしくはケアを担った人が、不適切な行為をする場合に使われる言葉である。

不適切な行為は、暴力であったり養育放棄であったりする。その行為を罪に問えるか問えないかによって、また、その行為と結果によって、呼び方は変化する。たとえば、暴力をふるったが怪我にまでいたらなかった場合は、暴行罪である。全治の期間がある怪我をさせた場合は、傷害罪である。また、傷害によって死なせてしまえば、傷害致死罪である。子どもを車の中に放置して死なせてしまった場合は、保護責任者遺棄致死罪である。当然、殺意があれば殺人罪である。しかし、身体的虐待を殺人罪で起訴しようとすると、非常に難しくなる。

千葉県野田市の小学4年生の女児が亡くなった事案を考えてみる。亡くなった理由に、「暴力があった」「長時間立たせていた」「冷水をかけた」など、警察は死亡との因果関係を医学的な観点から捜査している。父親の認否は別として、因果関係が裁判に耐えうるだけの証拠を積み上げて裁判所に送る。

感情論からいえば、殺人罪が適用できるのではないかと思う人も少なくないだろう。また、殺意がなければ、あんな酷いことをしないと思う人がいても不思議ではない。虐待は「しつけ」という言葉を隠れ蓑にして、犯罪行為を正当化してきた。暴力も、立たせることも、冷水をかける行為も、子どもが言うことを聞かないから「しつけのためにした」と言えば、親の懲戒権を根拠に罪をあいまいにさせている。また、その行為によって、亡くなったとしても因果関係が証明されなければ、傷害致死罪さえも問い難くしている。しつけだと主張すれば殺人罪としては、殺意がないためまったくもって成立しない。これにはそもそも議論となった懲戒権の問題が背景にある。

法務省〔2018〕が発行する「平成30年度版犯罪白書」の児童虐待にかかる事件の検挙人員をみれば、その傾向が理解できる。検挙総数1153件の内訳として、主な検挙名は、殺人50件、傷害493件（うち傷害致死12件）、暴行347件、強制性交45件、強制わいせつ58件である。傷害罪が一番多い理由は、起訴するとなれば、客観的な証拠や疎明資料がわかりやすいため、傷害ないし傷害致死の罪名で裁判所に送っているからだろう。

「児童虐待罪」は、厳罰化の傾向の中で考えられた発想である。児童虐待により子どもが亡くなれば、一般的に傷害致死罪での立件となるだろう。そのため、殺人罪の刑期と比べると傷害致死罪のほうが短い。千葉県野田市の児童虐待死事案を考えると、仮に母親は子どもに対して暴行を加えていなかったのであれば、傷害容疑での立件は難しい。そのため検察側は、母親を傷害ほう助という罪で、犯行の手助けをしたとして立件した。母親の裁判には、父親の虐待を明らかにしたいという意図があるだろう。父親を殺人罪で起訴したいと考える人はいるかもしれないが、犯行さえ認めていないため立件は難しい。検察側は、傷害致死罪での立件にむけた調書を作成するはずである。

殺人は、殺意の有無が焦点になる。ニュースでよく聞くことだが、容疑者は、「殺すのは、誰でもよかった」と話せば、警察は殺人容疑での立件を行なう。虐待によって、明らかに死ぬことがわかる行為をしたのであれば、悪質であるとして、殺人罪で問うかもしれない。検察庁に殺人罪で送検するかは別として、児童虐待による殺人の検挙数は、年間約50件とされている。殺意をもって殺してしまうものはごくわずかであり、乳児を投げつけたとか、無理心中などがほとんどである。

殺人罪の適用については、今後、世論の動向を注視しなければならない。現状は、傷害致死罪での検挙数が多いが、もし厳罰化の議論や動向が進めば、殺人罪を適用する事案が増えるかもしれない。殺人罪の適用は、子どもにしつけと称して暴力をふるい、その結果、怪我を負わせ死亡させた場合になるが、この場合、傷害の途中で気が変わり子どもを殺したくなったと思うことは考えにくいので、立件が何かしら作為的にならないことを望みたい。

虐待対応課の児童福祉司をしていた頃、何度となく、子どもに虐待する保護者と面接をしてきた。保護者は「子どもが悪いことをしたのだから、しつけのために叩いた、何が悪いのか」「自分が子どもの頃、悪いことをしたら、親父に殴られていた。今、まっとうに暮らせているのは、叩かれて痛い目にあったからだ」と主張する。たびたび、そのような保護者と出会った。この発想は実は、民法の懲戒権に所以がある。

民法
第八百二十二条（懲戒）
親権を行う者は、第八百二十条の規定による監護及び教育に必要な範囲内で、その子を懲戒することができる。
第八百二十条（監護及び教育の権利義務）
親権を行う者は、子の利益のために子の監護及び教育をする権利を有し、義務を負う。

これが、親権を行なう者（≒保護者）が、「しつけ」のための暴力を正当化する理由として利用されているのだ。

2019年の児童虐待防止法（第14条）改正によって「親権者は児童のしつけに際して体罰を加えてはならない」と明記されたが、罰則は設けられず、刑法に基づいて処罰するとされた。この改正は、親が子どもへの懲戒権を根拠にして、「しつけ」と称した暴力が正当化されることを防ぐ目的がある。海外では、効果があったと報告されている。

ただ、これまでの経験の中で、「親には懲戒権があるやろ」と主張する保護者と出会ったことはあまりない。そうは言うものの、根拠法を改正しなければ、暴力によるしつけを正当化させる余地を残すことになる。「しつけ」のための暴力・体罰は禁止するというほうが、シンプルでわかりやすい。

児童虐待によって保護者が、子どもを戒め死亡させてしまったり、重度の障害を負わせてしまった場合、裁判が開かれる。多くの場合、保護責任者遺棄罪、傷害罪、傷害致死罪や殺人罪等の罪名になる。刑期は、その犯罪の重さや保護者が犯行にいたった経緯や環境などによって決定されている。

児童相談所の職員は、保護者の刑期中に子どもの様子を伝えることや、出所されたあとの生活などを確認するため、刑務所や拘置所に通い面接をすることがある。筆者も、何度かアクリル板越しに、保護者の方と話をさせてもらった。特に、刑期を終え退所される前

表 2-3　児童虐待で起訴される主な罪名

罪　名	刑　法	刑　期　等
殺人	第 199 条	人を殺した者は，死刑又は無期若しくは五年以上の懲役に処する。
傷害致死	第 205 条	身体を傷害し，よって人を死亡させた者は，三年以上の有期懲役に処する。
傷害	第 204 条	人の身体を傷害した者は，十五年以下の懲役又は五十万円以下の罰金に処する。
暴行	第 208 条	暴行を加えた者が人を傷害するに至らなかったときは，二年以下の懲役若しくは三十万円以下の罰金又は拘留若しくは科料に処する。
保護責任者遺棄	第 218 条	老年者，幼年者，身体障害者又は病者を保護する責任のある者がこれらの者を遺棄し，又はその生存に必要な保護をしなかったときは，三月以上五年以下の懲役に処する。
保護責任者遺棄致死	第 219 条	保護責任者遺棄の罪を犯し，よって人を死傷させた者は，傷害の罪と比較して，重い刑により処断する。

には、今後のことを話し合うために、何度か刑務所で面接をする。そのタイミングだが、懲役10年だからといって、10年が経過する直前に刑務所を訪ねだすのでは遅すぎる。それは、特に刑務所内で問題行動がなければ、刑期のおよそ7~8割程度で出所になるからだ。そのため、筆者は刑期満了の数年前から面接を始めていた。実際の刑期は、よほど刑務所で悪態をつかないかぎり短縮されるのだ。

ちなみに、児童虐待によって逮捕されると、刑期はどれくらいになるのだろうか。

表 2-4　近年の児童虐待「傷害致死罪」での判決［デイリー新潮 2019 年 3 月 11 日の記事より作成］

年月	裁判所	判決	事実認定
① 2019 年 3 月	大阪地方裁判所	懲役 10 年	母親（27）が出会い系サイトで知り合った交際相手の男性（25）とその知人の男性（21）と共謀し，長男（4）を暴行。腹部を蹴って死亡させた。虐待された長男には 38 か所の痣があった。弟（2）に対しても暴力があり傷害罪とあわせて判決があった。母親は別に裁判がある。
② 2019 年 1 月	奈良地方裁判所	懲役 3 年 執行猶予 5 年	父親（36）は，長男（8）の嘘を注意し，頭部を殴って死亡させた。裁判長は「しつけのあり方を思い直してもらいたい」と説諭。
③ 2019 年 1 月	大阪地方裁判所	懲役 6 年	父親（22）が，泣き止まない次男（生後 6 か月）に腹をたて，突発的に放り投げるなどして死亡させた。地裁は「これまでに虐待はなかった」と認定。
④ 2018 年 6 月	横浜地方裁判所	懲役 7 年	無職男性（30）がゲーム中に交際相手の息子（1）が泣いたのをうるさいと感じ約 30 分にわたってのしかかる暴行を加え，低酸素脳症による脳浮腫で死亡させた。
⑤ 2018 年 5 月	大津地方裁判所	懲役 7 年	無職男性（36）が，長男（3）の頭や腰を足で踏みつけるなどの暴行で死亡させた。長男は発達障害で双極性障害の父親は，長男が 2 歳の頃から暴力をふるっていた。

刑法に規定されている傷害致死罪と殺人罪等の刑期は、表2-3のとおりである。刑法第205条、傷害致死罪については、「身体を傷害し、よって人を死亡させた者は、三年以上の有期懲役に処する」、刑法第199条、殺人罪については、「人を殺した者は、死刑又は無期若しくは五年以上の懲役に処す

表 2-5　近年の児童虐待「殺人罪」での判決［デイリー新潮 2019 年 3 月 11 日の記事より作成］

年月	裁判所	判決	事実認定
① 2018 年 3 月	最高裁判所	懲役 4 年（確定）	無職母親（42）が長女（9）の首を圧迫して殺害。母親は，精神障害で，長女は児童相談所の措置で施設入所していた。年数回の一時帰宅の際に殺害された。母は，「元夫から無実の罪を着せられる」と妄想し，無理心中を決断。妄想性障害の影響は考慮されたが，責任能力は問えるとした。
② 2018 年 3 月	福岡地裁小倉支部	懲役 17 年	無職男性（33）が不倫相手（33）との間に生まれた長女（生後 3 か月）をラブホテルの浴槽に沈め，暴行を加え殺害した。
③ 2017 年 1 月	東京高等裁判所	懲役 16 年（確定）	無職父親（32）が 2012 年長男（2）の頭に暴行を加えて頭蓋骨骨折をともなう脳挫傷で死亡させ（傷害致死罪），2014 年長女（8 か月）の頭に暴行を加え殺害した。
④ 2017 年 1 月	東京高等裁判所	懲役 12 年	妻に家出された父親（38）が，長男（5）の面倒をみるのが嫌になり栄養失調で死亡させた。遺体は自宅のごみの中に放置され，死後 7 年経過，白骨化した状態で発見。横浜地裁の裁判員裁判は，殺人罪で懲役 19 年としたが，東京高裁では殺人罪ではなく保護責任者遺棄致死罪として，懲役 12 年を言い渡した。
⑤ 2013 年 3 月	最高裁判所	懲役 30 年（確定）	母親（25）が自宅マンションの居間にある扉に粘着テープを貼って玄関を施錠。長女（3）と長男（1）を外出しないようにして放置，餓死させた。風俗店に勤務しホストと交際。自宅に戻った際に，子どもの死亡を認識しながら再び外出した。最高裁も子どもに対する殺意を認定。

る」と規定されている。では、実際の判決はどうだろう。デイリー新潮の記事［2019年3月11日］に、直近5年間の児童虐待による傷害致死罪と殺人罪の判決が掲載されていた（表2-4、表2-5）。これを参照すると、傷害致死罪と殺人罪の刑期があべこべになっている事案があることに気づく。表2-5の①の殺人罪の最高裁判所の判決は、懲役4年である。刑法第199条には、懲役とするならば、殺人罪の場合は5年以上とある。懲役4年とされたのは、母親の責任能力は問えるとしたが、精神疾患等が陳述されたことにより減刑されたのではないかと考えられる。大阪市で起きた2児の殺人（表2-5の⑤）の事案は、放置すれば死んでしまうことが明らかかな、わずか1歳児と3歳児に対し、部屋から出られないように細工をした悪質な事案である。さらに、自宅マンションに戻って子どもが亡くなっていたことを知りながらも遺体を放置したことは、保護責任者遺棄致死罪をはるかに超えることは明らかであり、殺人罪での起訴となったのだろう。

箕面市で起きた4歳児の傷害致死罪（表2-4の①）の事案の裁判では、同居していた交際相手に求刑12年に対して懲役10年の判決が出ている。この事案は、母親の育児不安からくるものとは言いがたく、また、母親から「しばいといて」と指示されていたとはいえ、憂さ晴らしのために子どもに暴力を加えていた悪質性が認知されて、近年の判決の刑期としては比較的長い。

同時に、判断が難しい事例もある。たとえば、生後2か月の男児に暴行を加えて殺そうとしたとして殺人未遂罪に問われた被告の裁判員裁判である。裁判長によると「極めて自己中心的。積極的に殺そうとしていた意志までは見られないが、死ぬかもしれないと分かって暴行に及んだ」と未必の殺意を認定し懲役10年の実刑判決を言い渡し、弁護側は、判決を不服として即日控訴した［毎日新聞　2019年4月25日］。

誰かが手を加えないかぎりわずか2か月の子ども自身が勝手に脳死の状態になるわけがない。被告人は、「口と鼻を手でふさぐ」「揺さぶり」を認めているが、傷害につながる行為はしていない。内縁の妻が、育児のストレスで男児の頭に強い衝撃を与えたと、弁護人を通じて主張していたとされている。被告と相手方の主張が大きく違う場合、非常に難しい判断を迫られる。

殺人未遂罪での裁判とはいえ、子どもは、脳死状態であることから殺人罪に近い判断がなされ、懲役10年が求刑されている。2019年1月の千葉県野田市の小学4年女児の虐待死事案以降、さらなる厳罰化の声が背景にあることが読み取れる。

6 虐待を隠す保護者の行列

児童虐待の通告があって保護者と面接をすると、これまで不適切な養育をしていたと正直に話す方、虐待ではないと主張する方、事実を話さない方、そもそも事実を認めない方と、さまざまな保護者がいる。

通告のきっかけは、学校等の所属機関からの連絡によるものがある。内容は、たとえば「子どもの顔に痣が見つかり、子どもの話では、昨日お父さんから暴力を受けたと言っているので、対応を協議したい」というものである。また、病院からは、「診察の結果、保護者の説明と複数の痣や火傷との因果関係につじつまが合わない」等の疑いによる通告がある。

表2-2に戻って2018年の通告経路をみてみると、学校からは1万1449件、病院等施設からは2440件である。筆者は以前から虐待を隠すために学校や保育園を休ませる保護者をみてきた。逮捕事案が増えれば、保護者は今まで以上に、虐待を隠すようになるのではないだろうか。また、これまで児童虐待に関する報道の多くは、批判的、断片的、単発的であった。しかし、先述のように、2019年1月に起こった千葉県野田市の小学4年女児の虐待死事案以降、虐待にかかる報道は確実に増えている。社会問題としての児童虐待に関心が向けられているのは確かだろう。しかし一方で、逮捕事案の増加と同様に、保護者をさらし者にする報道や厳罰化の動きは、保護者に発覚の恐怖を植えつけ、虐待の隠蔽に拍車をかけはしないだろうか。

むろん、これまでになく児童虐待の報道が継続し、児童虐待が多くの市民に周知され、社会問題として明らかになったことは大きな成果である。それは、国を動かし、自治体を動かし、市民の心を動かしたのだ。しかし、保護者が虐待を隠すという懸念はやはり残ったままである。これは、児童虐待への根本的な対策が後回しになっているからである。近年の事例をみてみよう。

2019年3月4日、大やけどをした3歳の長女を家に放置したとして母親らが保護責任者遺棄罪で逮捕された。この事件は、まさしく、虐待行為の発覚を恐れた行為のあらわれであろう。毎日新聞の記事によれば、母親は、「数日前に誤って熱湯のシャワーをかけた」と説明［毎日新聞 2019年3月6日］。3歳の長女のやけどをした部分をラップで巻いていたようだ。保護者が、やけどをした3歳の子どもを病院に受診させない理由はない。さらに良くないことに母親は、交際男性とパチンコに行っていたという。常識的に考えてみて、パチンコに行く時間とお金があれば、何をおいても、重度のやけどをしたわが子を病院に連れて行くであろう。

この虐待が発覚したきっかけは、パジャマ姿で雨の降りしきる中、びしょ濡れになった5歳の兄が、近所で働く男性に助けを求めにきたことである。兄が、室内に皮のむけた状態になっている妹が寝ていると男性に話し、男性が、大変な事態になっていると気づき警察に通報した。当然だが、この件は、発覚したため明らかになったものである。

また、2019年1月24日、福岡県で小学校2年生の子どもの両手を縛って水風呂に入れ、怪我をさせたとして、警察は、母親と内縁男性を傷害容疑で逮捕した［毎日新聞 2019年2月21日］。遡って2018年12月29日にも子どもを水風呂に入れて虐待をした件で、2019年3月14日殺人未遂で母親と内縁男性を再逮捕したとする報道があった［毎日新聞 2019年3月14日］。時系列は逆になるが、1件目は傷害容疑で逮捕、2件目は殺人未遂で逮捕されている。殺人未遂のほうが慎重に捜査する必要があったために時間を要したのだろう。さらに、2019年8月28日に鹿児島県で4歳の女児が溺死した事案も、3か月の間で保育所には15日しか通わせていなかったことが明らかになり、溺死と報道されているが、身体に多数のあざがあったともいわれている［毎日新聞　2019年8月31日］。保育園では、不審なあざはすぐに発見されるため、連れて行かなかったのだと想像がつく。

ここで気になるのは、母親らが供述で、水風呂であれば、怪我にならないため虐待が発覚しないと発言していることである。これまでにも、虐待の発覚を恐れて学校に登校させない、もしくは、衣服を着れば目立たない身体の箇所を殴る保護者はいた。しかし、逮捕報道が頻繁になることで、このように、虐待がさらに巧妙化し発見しにくい事態を生じさせている可能性がある。そうであれば、家庭内で行なわれる見えにくい虐待を感度よくキャッチしなければ、見逃されてしまう可能性がある。この方向で進むのであれば、今まで以上に、子どものSOSに敏感に反応する体制の整備が必要となる。

7　児童相談所の福祉警察化

児童相談所にかかってくる虐待通告の電話は、学校、家族、知人、関係機関からと経路は、さまざまであると説明した。中には、何度も同じ家庭のことでかかってくることもある。通告者には、気になることがあれば、連絡をしてもらうように依頼していることがその理由である。また、複数の経路から連絡がくる場合もある。児童相談所に虐待通告の電話が入れば、48時間以内に家庭訪問をして保護者と面接し、子どもを現認するルールが、児童相談所運営指針に明記されている。

> 児童相談所運営指針　第3章第3節調査（調査開始）
> 安全確認は、児童相談所職員又は児童相談所が依頼した者により、子どもを直接目視することにより行うことを基本とし、他の関係機関によって把握されている状況等を勘案し緊急性に乏しいと判断されるケースを除き、通告受理後、各自治体ごとに定めた所定時間内に実施することとする。当該所定時間は、各自治体ごとに、地域の実情に応じて設定することとするが、迅速な対応を確保する観点から、「48時間以内とする」ことが望ましい。

虐待通告があって、何度も会っているお得意様の家庭を訪問すると、子どもは誰が来たのかよくわかっている。自宅の前でサッカーボールをうまく扱いながら遊んでいる子どもに声をかける。子どもの姿は現認できたと思いつつも通告内容を確認するため、玄関先で母親に聴き取りを行なう。昨日、子どもが嘘をついて、それが発覚したので怒鳴ったようである。母親は、「夢の国の人が来たよ。連れて行ってもらったらいいよ。ただ、二度と家には帰って来れないからね」と、声は優しく表現は恐ろしく、子どもに話している。このように児童相談所の家庭訪問に慣れた常連さんの保護者もいるが、もちろんきっちりと指導して帰る。

また、中には、通告電話に自らかけてくる保護者もいる。子どもが言うことを聞かないので、施設にあずかってほしいと、子どもの前で電話をかけて子どもの態度を試しているのだ。保護者は、子どもが施設に入れられてしまうのではないかと怯えて言うことを聞くと思っている。

ある家庭訪問では、部屋の中にぽつんと座ってコンビニのチキンを片手にもっている男児がいた。職員が母親の試し行動にのったのがよくないのだが、一人の職員が子どもに対応している間に、筆者が母親と子どもを施設にあずかる手続きの話をする。すると、施設には預けないと言う。施設に入所するのに費用の負担はないが、子どもが施設に入ると養育に支給されている生活保護費がカットされることを知っているので、入所はさせたくないと主張する。あとの展開を考えると、子どもの最善の利益にはならないと考えて、上司と協議したうえで、この場は、子どもを一時保護しない判断が適当であるとした。もちろん、このあとに何かあれば、アセスメントのまずさから責任問題に発展するが、虐待ケースの場合、児童相談所の安易な判断によって、子どものあずかり方や返し方を間違えば、子どもの人生を狂わせてしまう危険性もある。先の展開を見立て精査を行なう、アセスメント力を試される専門職である。

このような対応をしなければならない児童福祉司は、ジェネラルなソーシャルワークを修得しただけではケース対応をすることは難しい。専門的で高度なソーシャルワークのスキルが求められる。先の2つの事例は、支援と介入のスキルを駆使しながら、子どもの最善の利益にかなうように、ソーシャルワークを行なっているので、児童福祉司が警察のようにふるまう**福祉警察**【↓用語集】的な対応にはならなかった。

しかし、前者の事例でも後者の事例でも、「躊躇なく一時保護」の方針であれば、どうだろうか。心理的虐待や身体的虐待が疑われるのであれば、すぐさま一時保護の判断となる。後者のケースでは、親の目的は、子どもを脅すためであったが、虐待があれば、親の主張を聞いているわけにはいかない。ケース展開としては、たび重なる一時保護をしても同意入所とならないため、児童福祉法第28条による施設入所の手続きが行なえるだけの客観的な資料を集めていくことになる。

児童福祉法第28条

保護者が、その児童を虐待し、著しくその監護を怠り、その他保護者に監護させることが著しく当該児童の福祉を害する場合において、第二十七条第一項第三号の措置を採ることが児童の親権を行う者又は未成年後見人の意に反するときは、都道府県は、次の各号の措置を採ることができる。

一 保護者が親権を行う者又は未成年後見人であるときは、家庭裁判所の承認を得て、第二十七条第一項第三号の措置を採ること。

二 保護者が親権を行う者又は未成年後見人でないときは、その児童を親権を行う者又は未成年後見人に引き渡すこと。ただし、その児童を親権を行う者又は未成年後見人に引き渡すことが児童の福祉のため不適当であると認めるときは、家庭裁判所の承認を得て、第二十七条第一項第三号の措置を採ること。

家庭裁判所は、保護者にも児童相談所にも加担はしない。以前は、児童相談所は家庭裁判所に虐待の案件を事前に相談していた。しかし、家庭裁判所は、児童相談所に加担しているのではないか、これは公平性の観点からすれば認められないと批判の的となった。確かに、ジャッジする機関が事前に一方だけの相談を受けることは、許されないのは当然だろう。

2018年の「一時保護ガイドライン」の通達から、躊躇なく保護するという指針に基づき、子どもをすみやかに一時保護する傾向は顕著である。このような傾向の中、なぜ、保護しないのかといった強い声に子どもの人生が左右されないかが心配である。

暴力や傷害があり証拠と供述があれば、罪に問える。やりにくい保護者ならば、これまで以上に警察へ積極的な情報を提供する。そうでなくても、警察の力は、絶大であり即効性があるので使いたくなる。しかし、本来ソーシャルワークで十分に対応できるケースまで、警察の力に依存するようになってしまわないないだろうか。筆者ならば、その場かぎりの魔法の力を借りてしまいそうである。しかし、その魔法は必ず解けることを忘れてはならない。

児童相談所の虐待対応をしていて、要求の高い、威圧的な保護者は、都市部の児童相談所でも、一つの事業所に両手に数えられる程度である。一方で、児童相談所では、保護した子どもたち一人ひとりに親の虐待に関する聞き取りを行ない、調書をつくる。これが逮捕する材料に使われるなど、虐待を認めない保護者や養育者などへの対応には効果的かもしれない。

ただし、児童福祉司の面接は、子どもの養育に対して虐待にいたった背景を探っていくものである。社会学的視点、心理学的視点、医学的視点をとおして、また、子どもの行動観察をとおして見立てる。逮捕するために必要な情報を聴き取るわけでも、保護者を罰するために行なうのでもない。犯罪は司法で裁かれるべきものである。

児童相談所は、虐待にいたったメカニズムを解明して、虐待にいたらない方法を考えてソーシャルワークを展開させることに専門性があり、それを遂行する責務がある。逆に児童相談所が罰するための面接や裁くための面接を行なうことになれば、それはまさしく福祉警察と化すだろう。児童相談所の一部が、福祉警察化するのであれば、致し方ないと思う。しかし、今の児童相談所の相談機能をもたせたまま、福祉警察化することに対しては危惧を抱く。

もう一点、児童相談所は非行児童（ぐ犯少年や触法少年）の対応を行なっている。この場合、警察は、子どもを警察署に留め置くことはできないため、**身柄付き通告**【↓用語集】を行なう。これによって、子どもは、一時保護というかたちで児童相談所に保護されるのだが、その実、警察が子どもの身柄を一時保護所に確保し、調書をとる目的や子どもを懲らしめる目的で身柄付き通告が行なわれることもある。このような場合や、明らかな犯罪行為は家庭裁判所に送致すべきである。今のところ、児童相談所は福祉警察ではない。ただし、これからも福祉機関として、また、子どもの権利擁護の機関としての立場をつらぬいていくのであれば、その責務を忘れてはならない。

最後に、児童相談所への警察官の配置をみてみよう。2019（平成31）年4月現在、全国215か所の児童相談所の児童福祉司として配置されている警察官は、管理ポストや特別ポストとして44名である［厚生労働省 2019］。一緒に仕事をする場合と関係機関として仕事をするのでは、印象は違ってくる。簡単に「連携」といわれるが、具体的には互いのフィールドを知り、役割としてできる部分を担い、相手の不得意なところを補完することではないだろうか。筆者は、警察官ＯＢの方には非常にお世話になった。それは、弱点を補完して助けてもらったからである。２０１９年4月現在、児童相談所には２１６名の警察官ＯＢが配置されるようになった。警察官ＯＢが多く配置されている自治体は、北海道（24名）、東京都（23名）、大阪府（17名）である。この3つの都道府の児童相談所に配置されている警察官ＯＢで、3割を占めている（表２-６）。自治体によって差があり、すべての児童相談所に配置されていのが現状である。今後、積極的な配置が望まれる。

児童相談所の福祉警察化には、慎重になる必要があるが、犯罪性や暴力性の高いケース対応については、積極的に警察と連携すべきであろう。ケースによって対応を分けること、それが行なえるシステムをつくること、そして、どの対応が適切かを判断するためのアセスメント力をつける必要がある。

表 2-6　児童相談所の警察官配置ランキング［厚生労働省　2019 より作成］

（2019 年 4 月 1 日現在）

	都道府県	警察官（OB）	警察官（現職）	合計
1	東京都	23	3	26
2	北海道	24	0	24
3	大阪府	17	0	17
4	埼玉県	14	1	15
5	山口県	11	1	12

［文　献］

厚生労働省（2019）「令和元年度全国児童福祉主管課長・児童相談所長会議資料」児童相談所関連データ　https://www.mhlw.go.jp/content/11900000/000535923.pdf
デイリー新潮（2019年3月11日）「「心愛さん」虐待死事件　3回逮捕の父親に下されるあまりに軽い〝量刑〟への疑問」https://www.dailyshincho.jp/article/2019/03110701/?all=1
法務省（2018）「平成30年度版犯罪白書」http://hakusyo1.moj.go.jp/jp/65/nfm/n65_2_4_6_1_0.html
毎日新聞（2019年2月21日）「両手縛り女児水風呂に　容疑で母と内縁の男逮捕」（福岡筑紫野の記事）
毎日新聞（2019年3月6日）「横浜の保護責任者遺棄　大やけど長女放置　親族、児相に相談　虐待疑い昨年11月」
毎日新聞（2019年3月14日）「筑紫野の殺人未遂：虐待、長女と契約書　容疑の母親ら再逮捕」
毎日新聞（2019年4月25日）「乳児殺人未遂、被告に懲役10年　弁護側は即日控訴　地裁判決」
毎日新聞（2019年3月31日）「4歳女児溺死　暴行容疑で母の交際相手を逮捕　以前から虐待か　鹿児島」

Column 2

児童虐待＝逮捕？

世間では、「児童虐待」という言葉が、どのようにとらえられているのだろうか？　とらえ方に差異がありそうだ。テレビで報道されている虐待のニュースでは、警察が保護者等の虐待者を自宅で逮捕し、警察車両に連れていく映像を見ることがある。確かに、児童虐待によって逮捕される者（検挙人員数）は、２００８年と２０１８年を比較すれば、３１６人から１３８０人と４・36倍に増えている。

それに対して２０１８年に児童相談所が受理した児童虐待対応件数は、15万９８５０件である。同年に児童虐待によって検挙された保護者数は、１３８０人であった。警察が検挙する数と児童相談所が取り扱う数の差異が、どの程度なのかよくわかる。児童虐待によって警察に検挙される保護者等は、児童虐待対応件数のわずか０・９％にすぎない。

児童虐待の報道によって、何か、児童虐待＝逮捕といったイメージが、できあがってはいないだろうか。そうであれば、少し恐ろしい感じもする。児童相談所は、検挙されたケースだけではなく、他の99・１％の15万８４７０件にも対応しているわけだが、何もそれらすべてに強制的介入や法的対応をしているわけではない。大半は、子育てに悩み・不安に感じている保護者の支援なのである。

＊統計データは、法務省「平成30年版 犯罪白書」、警察庁「平成30年における少年非行、児童虐待及び子供の性被害の状況」による。

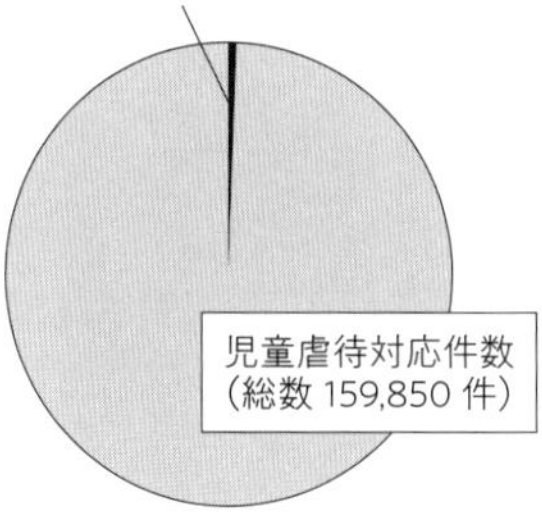

児童虐待対応件数と児童虐待による検挙数

第3章

支援と介入にならぶ人

1 支援と介入

児童相談所や児童虐待の対応をめぐって、「支援」と「介入」という言葉が飛び交っている。２０１９（令和元）年の児童虐待防止法改正において児童相談所の体制強化の一環として、支援と介入の担当を分離するように決められた（同法新設第11条第7項）。

しかし、社会福祉の分野を含めて、その概念は整理されておらず、個々が自分の考える支援や介入の意味を勝手に使い解釈している。ここで、あらためて社会福祉における支援と介入について考えてみたい。

近年、支援はよく聞かれる言葉になった。地域包括支援センター、地域子育て支援センターなども見聞きする。では「支援」と「介入」はどのような関係にあるのだろう。相反するような関係だろうか。実はそうとは限らないように感じる。児童相談所の職員をしていたときには、たとえば市町村から児童虐待に対して「家庭に介入してほしい」、児童福祉施設から「子どもに介入してほしい」という要請を頻繁に受けていた。児童虐待の場合、家庭に介入することは、実は、子どもとの関わり方に困っていた母親に、一つもしくは複数の支援のアクセスを提供することになる可能性がある。つまり、「介入」することで、子育て支援サービスにつながったり、母親が安心感を得るきっかけになるのだ。

一方で、児童相談所は、家庭や子どもに強制的に介入をする場面がある。その具体的な手段として、児童福祉法第33条による職権一時保護、同法第28条による家庭裁判所への申立てによる保護者不同意の入所措置、同法第33条の7親権停止・親権喪失など、いくつかの法的対応を執っている。

児童福祉法第33条　（児童の一時保護）
児童相談所長は、必要があると認めるときは、第二十六条第一項の措置をとるに至るまで、児童に一時保護を加え、又は適当な者に委託して、一時保護を加えさせることができる。
児童福祉法第28条　（保護者の児童虐待等の場合の措置）
保護者が、その児童を虐待し、著しくその監護を怠り、その他保護者に監護させることが著しく当該児童の福祉を害する場合において、第二十七条第一項第三号の措置を採ることが児童の親権を行う者又は未成年後見人の意に反するときは、都道府県は、次の各号の措置を採ることができる。

児童福祉法第33条の7（親権停止・親権喪失）

児童又は児童以外の満二十歳に満たない者（以下「児童等」という。）の親権者に係る民法第八百三十四条本文、第八百三十四条の二第一項、第八百三十五条又は第八百三十六条の規定による親権喪失、親権停止若しくは管理権喪失の審判の請求又はこれらの審判の取消しの請求は、これらの規定に定める者のほか、児童相談所長も、これを行うことができる。

児童相談所は、相談機関であるが、子どもの権利擁護の機関でもあるため、法的対応における武器を有している。そのため、児童相談所は、支援と介入の両刀使いをする機関といわれ、児童福祉司は、両手に持った刀のどちらを使うのかという、難しい判断を迫られている。

しかし、そもそも支援とは、社会福祉において、いつから、誰が、何を対象として使い始めた言葉なのだろうか。そして、介入とは何を意味しているのだろうか。誰もが、子どもを護るために行動しているのだが、時々、人や機関の間には対立や齟齬が生じてしまう。おそらく、それぞれに支援や介入のとらえ方に違いがあるのだろう。そこで、臨床現場の経験と歴史的・社会的な視点から支援と介入の概念について整理をしてみる。

2 介入は支援の始まり

まずは、支援と介入の関係を考えてみたい。筆者の勤務していた児童相談所では、介入部門と支援部門を機能分化（離）するために、相談対応課と育成支援課の2課を設置している。相談対応課は、主に児童虐待と非行対応等の要保護性の高いケースを担当し、介入的アプローチを行なう。育成支援課は、保護者からのニーズによる養護相談、障害相談、施設入所ケースを担当し、支援的アプローチを行なう。

育成支援課は、支援という言葉を使いながらも、子どもの権利が侵害されていると判断すれば、保護者と意見が対峙しても相談を進めていく。たとえば、施設入所している子どもの保護者が子どもをそろそろ家に帰してほしいと言ったとき、子どもが家に帰るのは怖いと話したとする。この時、まだ、家族再統合には、時期尚早と判断すれば、担当児童福祉司は、保護者に対して施設入所継続の必要性を説明するといった具合だ。そうすると、保護者から「お前ら何が支援課やねん、支援と違うやないか」と、たいがいは反発を食らう。

一方で、相談対応課にいた頃には、子どもを職権一時保護し、母親から子どもを切り離す介入を行なった数日後に、その母親から「このままであれば、育児に疲れしんどかったのです」と感謝の言葉を受けたこともある。

この2つの事例からもわかるように、支援と介入は切っても切れない関係にある。子どもを護る過程のどこかで、支援と介入が入れ替わっている。もう少し厳密に言えば、切り替わっているのかもしれない。ここに、支援と介入の微妙な関係がある。

加藤〔2017〕は、支援と介入の意味を明確にしたうえで、共通の言葉としていくこと、実践や事例を重ねたうえで、両者がどのように協働していけるのかを明らかにしていく作業が必要であると、指摘している。

児童相談所の児童虐待のソーシャルワークを経験したものならば、一度ならずとも「介入は支援の始まり」という言葉を聞くことになる。この言葉の所以は、どこにあるのだろうか。

2014年に国際ソーシャルワーカー連盟が採択したソーシャルワーク専門職のグローバル定義の日本語版[*1]によれば、ソーシャルワークは「生活課題に取り組みウェルビーイングを高めるよう、人々やさまざまな構造に働きかける」とある。また、その定義の「実践」の注釈には、「ソーシャルワークの正統性と任務は、人々がその環境と相互作用する接点への介入にある」とある〔国際ソーシャルワーカー連盟ホームページ〕。ソーシャルワークの重要なプロセスの一つはIntervention（直訳すれば、「介入」ないし「関与」）である。たとえば「カウンセリング」は「人々がその環境と相互作用する接点への介入」だといえる。また、Interventionは、「環境」と「人間」との調整でもある。「環境」と「人間」を調整することは、イコール「支援」だといえるのではないだろうか。

数日経って、母親が感謝の気持ちを伝えてきたケースはソーシャルワークによる「介入」の結果として、「支援」の展開ができた好例といえる。このように、支援の必要な人（保護者）にとって、援助者が同じ方向を向いているとき、援助者の行動は「支援」と感じられる。だが、援助者は、実は「介入」を行なっているのだ。児童相談所の虐待対応の場合、その介入がしばしば保護者の求めと対立してしまうので、何か別物のようにとらえられる。

少し、支援の概念を整理するならば、支援とは、援助者が、依頼者のニーズに応じたサービスの提供を行ない寄り添いながら、彼らの自己実現を支えることである。すべての支援が、依頼者のニーズに応じたものではない。もともと意図していなかったが、子どもの最善の利益を考えて、援助者側から仕かけたことが、結果として支援になっていることもある。

他方、介入には、「介入」と「強制的介入」がある。1節で述べた法的対応（職権一時保護、親権停止や親権喪失など家庭裁判所に審判を求める場合）は、「強制的介入」そのものであり、介入の中でも、別の枠組みとしてとらえる必要がある。しかし、この強制的介入も、実は、ケース展開によっては「支援」に変化することもあり得る。先述の法的対応がそれであり、。図3-1に、支援と介入の構造を示した。

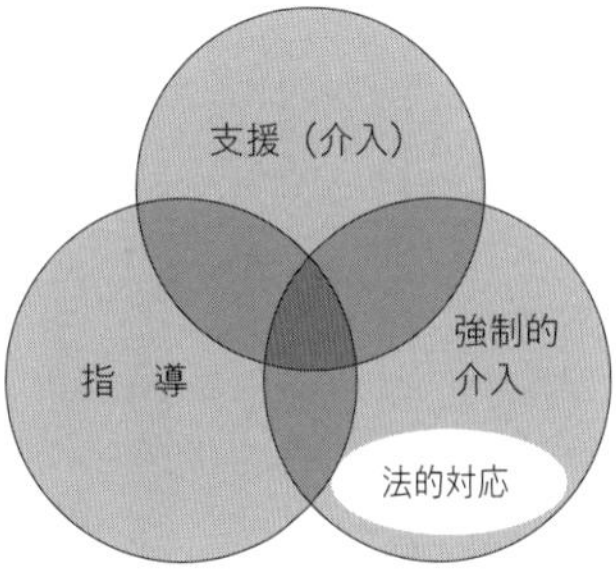

図 3-1　子ども虐待対応にみる支援と介入の構造

3 社会福祉分野にみる支援の歴史

歴史的にみて「支援」という言葉は、いつから使われるようになったのか。戦後の社会福祉の歴史をたどってみると、あるものが時代背景をよく表わしている。社会福祉の雑誌の名称である。1909年『慈善』として創刊されたこの雑誌は、その後『社会と救済』（1917年〜）、『社会事業』（1921年〜）、『厚生問題』（1942年〜）と改題された。すなわち、社会福祉は戦中戦後をとおして厚生問題としてとらえられ、支援が必要な子どもは「問題の児童」として認識されていたと考えられる。第1章でも述べたとおり、戦後の混乱期における児童福祉は、浮浪児の対策であり、社会福祉としてではなく、社会問題として取り扱われていたといえよう。

このことは、戦後まもなく、国が打ち出した「戦災孤児保護対策要綱」（1945年9月）、「戦災引揚児援護要綱」（1945年12月）、「浮浪児その他児童保護等の応急措置実施に関する件」（1946年4月）、「浮浪児根絶緊急対策要綱」をみれば、当時の国の方針や対策がよくわかる。ここには、「対策」「応急措置」「根絶緊急対策」の用語が並べられており、支援という言葉は、まったく見当たらない。いずれの用語をとっても、浮浪児は、支援対象ではなく社会問題の対象である。中垣［2004］は、これは政策主体からの一方的な命令であったと考え、当時の施策について「浮浪児の根絶を目的とした児童収容施設に保護する貧困対策であった」［72頁］と述べている。つまり、子どものニーズや支援を目的としてではなく、政策サイドの思惑によって、対策が実施されたと考えられる。戦後「社会事業は、社会政策に対する補完的役割を担うもの」ととらえたのは孝橋《こうはし》正一である。孝橋のこの考え方からみても、当然のことであるが、支援の概念が成立しているとは言いがたい。浮浪児は、子どもたちの意図とは関係なく、政策サイドの思惑によって、根絶を目的として、対策が講じられたものである。ここに支援の概念は存在しない。

では、近年、よく見聞きする「支援」は、いつ、誰が、何を対象として使用しだしたのだろうか。次に、社会福祉分野における支援の起源を追ってみよう。

支援と聞いてどのような印象を受けるだろうか。多くの人は、支援と聞いて悪い印象は受けないと思う。援助と支援の違いを考えてみると、援助はAssistance、支援はSupportと訳される。援助センターと支援センターでは、聞きなれていなくても、微妙に意味の違いを読み取ることができるのではないだろうか。太田［1999］は、援助概念の類型を整理し、支援について「援助者本位の概念から利用者本位の支援概念にトーンがソフト化した」［8頁］と述べている。

「支援」とは、抽象的な表現でもある。最近よく使われている「包括」も同様である。また、支援は、なにぶん使い勝手のよいキーワードである。包括は、従来、たらい回しにしていた行政サービスを一元化するために使われたものであろう。この言葉も政策サイドとしては、非常に扱いやすく都合のよい言葉である。「子育て世代地域包括支援センター」などは、典型的な例である。

では、社会福祉の分野において、「支援」が使用されたのは、いつからなのだろうか。ソーシャルワークを専門領域とする太田は、社会福祉について、支援科学であるとの立場で数多くの文献を検証し、支援科学の構成を整理した［太田 1999 23-28頁］。

さらに、支援をキーワードとして、論文等の検索をしてみると、高齢者の相談機関であった「在宅介護支援センター」が最初に使われたものではないかと思われる。表3-1に、各分野と使用された実施機関・制度をまとめてみた。

表3-1ように整理すると、高齢者福祉分野から支援の言葉が使われ始めたと考えられる。1990年に全国の市町村に開設された在宅介護支援センターの設置目的などを見ると、高齢者介護の原理には、「尊厳」と「自立支援」の言葉が幾度となく出てくる。

また、児童福祉分野では、1997年の児童福祉法改正によって教護院が、**児童自立支援施設**【↓用語集】に名称を改めた。同年には、児童福祉法第44条の2の規定によって、**児童家庭支援センター**【↓用語集】が創設された。児童福祉分野においても、この時期を契機に「支援」という言葉が使用されるようになった

表3-1　社会福祉分野別の「支援」使用一覧

分野別	名　称	発足年
高齢者福祉	在宅介護支援センター	1990年
児童福祉	児童自立支援センター，児童家庭支援センター	1997，1997年
障害福祉	支援費制度	2003年
教育	特別支援学校	2008年

と考えられる。

次に、障害福祉の分野では、2003年の支援費制度による制度改正の部分から「支援」という用語が、派生したのではないかと考えられる。支援費制度は、ノーマライゼーションの理念を実現するため、これまで行政が「行政処分」として障害福祉サービスを決定してきた従来の措置制度から転換したものである（ただし、厚生労働省の支援費に関する制度の説明資料では、2001年頃から支援という言葉が使用されている）。

さらに、教育分野においても支援という言葉が使われた経過を確認することができる。障害のある児童・生徒の教育の場であった養護学校は、2008年の学校教育法改正によって、特殊教育から特別支援教育に改められ、特別支援学校と名称が変更された。ここには、「障害者の権利に関する条約」に規定された**インクルーシブ教育**【↓用語集】の実現に向けた取り組みが背景にあると考えられる。

各分野を整理してみると、その時代背景などがよくわかる。たとえば高齢者分野では、統計上いわれていた高齢化社会が、確実に実態としてみえてきた1990年前後に、従来の介護の概念を変えようと、自立支援の概念を強調した高齢者福祉分野が先頭を切り、政策サイドから「支援」という言葉が使われ始めたと考えられる。

では、児童福祉の現場では支援と介入は、どのようにとらえられているのか、次の節において、具体的な事例を交えて考えてみたい。

4 児童虐待対応における支援と介入

児童相談所には、子どもの権利侵害に対して、法的対応を執るために、いくつかの法律の条文が用意されている。2016（平成28）年の児童福祉法改正によって、さらに、一時保護に関しても2か月を超える場合の対応が厳密化された。保護者が一時保護継続を不同意とした場合、従来ならば、児童措置審査部会に諮問するだけで足りたが、より客観性が求められ、かつ、児童虐待への対応強化として司法関与が加えられて、家庭裁判所に審判を求めることとなった。

児童相談所が、子どもの人権侵害に対して家庭へ強制的介入し、法的対応を行なう具体的手段を表3-2に整理した。

児童相談所は、市民から児童虐待対応への社会的要請と期待を受け、また、政策サイドの思惑によって、良くも悪くも、より権限強化される機関に変貌を遂げようとしている。どんどん法的対応にかかる業務が増している。世間がとらえている「介入」という言葉によって、何か、まったく違う機関に変化しようともしている。また、世間がとらえている「支援」という言葉によって、そもそもの相談機関としての役割は保持させようとしている。決して機能分化（離）が悪いのではなく、推進すべきものなのであろう。しかし、機能分化（離）の構造的理解や概念の整理をしないまま、各々が支援や介入という言葉を勝手に使えば、より混乱を生じさせるのではないかと、危惧を抱く。

表 3-2　児童相談所の法的対応一覧［川並・井上　2018 より作成］

根拠法	対応	内容（略）
児童福祉法第 33 条	一時保護	一時保護は，児童相談所長の権限により行政処分にて行使されるが，2 か月を超える場合は，家庭裁判所の審判を求める。
児童福祉法第 28 条	保護者の児童虐待等の場合の措置	児童虐待等の事案によって，児童相談所が施設入所措置の必要性を判断したが，保護者は，施設入所に不同意の場合，家庭裁判所に審判を求める。審判によって認められた場合，2 年に限って児童を入所措置をとることができる。
児童福祉法第 33 条の 7	親権停止 親権喪失	児童相談所長は，親権喪失，親権停止もしくは管理権喪失の審判の請求またはこれらの審判の取り消しの請求を行なうことができる。親権停止は，2 年に限って効力がある。
児童福祉法第 29 条 児童虐待防止法第 9 条	立入調査	都道府県知事は，必要があると認めるときは，児童相談所の職員に，児童の住所もしくは居所または児童の従業する場所に立ち入り，必要な調査または質問をさせることができる。
児童虐待防止法第 9 条の 3	臨検捜索	児童虐待が行なわれている疑いがあるときは，当該児童の安全の確認を行ない，またはその安全を確保するため，児童相談所の職員に，当該児童の住所または居所の所在地を管轄する地方裁判所等の許可状により，当該児童の住所等に臨検させ，捜索させることができる。
児童福祉法第 27 条第 1 項 4 号，同法第 27 条の 3	家庭裁判所への送致	児童の行動の事由を制限する強制措置。ぐ犯送致などとあわせて，家庭裁判所に申立てを行なう。

5 非行対応における支援と介入

児童相談所の児童福祉司をしているときに出会った非行少年A君のことを思い出す。A君は、父母と母の連れ子（異父兄2人）のもとで暮らしていた。父母が離婚したのを契機に、その後、母と異父兄2人の4人で新たな暮らしを始めることになる。A君を溺愛していた本児の父の存在がなくなると、異父兄たちの態度は大きく変わった。些細なことでA君は、母と口論するようになり関係が悪化していき、異父兄たちも今までの兄弟間差別からA君を受け入れられず、いびつな家族関係になった。

結果的に、A君は家庭での居づらさを感じ家出を繰り返し、やがて、母からの養育放棄と心理的虐待により児童養護施設に入所した。その後も、施設では落ち着かず、暴力行為から措置変更を余儀なくされたものの、措置変更先でもたび重なる暴力行為があり、最後には、家庭裁判所にA君をぐ犯送致するとの組織判断をした。家庭裁判所の審判では、観護措置が執られたあと、家族等の調整が図られたが、粗暴行為や引き受け先がないなどさまざまな理由で少年院送致となった。

観護措置を執る審判の前にA君に対しては、少年鑑別所のことやその後の可能性の高い少年院の話をしてきた。今まで、対応してきた児童ならば、仮定の話だとしても、「少年院は絶対に行かへん、家に帰せ」と、まず反発するか、「もう二度と悪いことせいへんと約束するから家に帰してほしい」と逆に謝罪をする。しかし、Ａ君の態度は違った。自分の行き先に、選択肢がそこしかないと感じたのだろうか。

それまでに幾度となくＡ君と面接を繰り返し、また、一時保護を実施してきた。つまり、Ａ君に介入し、一時保護という強制的介入もしてきた。さらに、家庭裁判所への送致という法的対応をしたわけである。

結果として、このソーシャルワークが支援であったのかと疑問が宿る。本章の3節において、「浮浪児は、子どもたちの意図とは関係なく、政策サイドの思惑によって、根絶を目的として、対策が講じられたものである。ここに支援の概念は存在しない」と述べた。このソーシャルワークが政策サイドの意思決定のみによって行なわれたのであれば、支援ではなく対策であったと言わざるを得ない。そうではなく、Ａ君との面接を繰り返し、Ａ君にとって最善の利益にかなう方法を検討した結果、家庭裁判所への送致としたのであれば、結果的に支援であったと考えるべきであろう。

当初は、Ａ君とは相反する意見ばかりで、一時保護をすることになった。このケースワークには、介入や強制的介入が存在しているし、家庭裁判所へのぐ犯送致は、まぎれもなく手段として法的対応である。しかし、行為は介入かもしれないが、ケース全体をみれば支援であるといえよう。支援と介入は、表裏一体であり、切っても切れない。非行対応における支援と介入は、概念整理をするにあたって非常にわかりやすい。

⑥ 児童相談所の支援と介入の視点

児童相談所は、児童虐待対応を中心として、支援と介入の両刀使いを余儀なくされており、支援と介入を分ける機能分化（離）の方向に動いている。2018（平成30）年3月に目黒区で起こった5歳女児の虐待死事案を契機に、国は、児童相談所の人材強化を示し、児童虐待ケースの改善策として、この支援と介入部門を分離する体制に関心をもっていた。すでに国は、2015（平成27）年に児童相談所の介入機能と支援機能の調査を実施している。

全国208か所の児童相談所で行なわれた調査の結果は、2016年に厚生労働省「児童相談所における介入機能と支援機能の分離状況」として発表されている。

①同一の地区担当が緊急介入からその後の支援まで継続して対応している。　64％
②緊急介入とその後の支援で担当を分けている。　21％
③事例によっては、緊急介入とその後の支援で担当を分けている。　15％

ここに何が生じているのか。支援、介入、強制的介入、法的対応の4つの概念が整理されていないことに気づく。4つの概念をまぜこぜにすることによって、さらに混乱が生じる。現場で対応していれば、支援と介入は、表裏一体であることを経験する。逆に、真っ向から法的対応を執るべきケースの手法は違うことも経験する。他方、児童相談所が、もちこたえることが難しいケースもあるだろう。

犯罪性があるかないか。ここには、一定の仕切りがあると感じている。たとえば、内縁男性だけでなく、その友人までもが、わずか4歳の子どもに腕立て伏せを強要して、できなければ暴行を加えた事件がある。これは、虐待ではないと言いたい。れっきとした傷害事件であり犯罪である。この行為によって、その子どもが亡くなれば、傷害致死事件である。しかし、児童相談所等は、事件性がないうちは寸前まで対応に努めている。

虐待には程度の差がある。たとえば、無免許運転で交通事故を起こした少年に対して、保護者がしっかりとみていなかったと要保護児童（ネグレクト）として虐待通告がなされたことがある。本来ならば、犯罪少年、もしくは広く解釈してぐ犯少年として処理されるケースである。しかし、犯罪少年よりも要保護児童として優先すれば、児童福祉法第25条に照らして、この通告も間違ってはいない。

児童福祉法第25条

要保護児童を発見した者は、これを市町村、都道府県の設置する福祉事務所若しくは児童相談所又は児童委員を介して市町村、都道府県の設置する福祉事務所若しくは児童相談所に通告しなければならない。ただし、罪を犯した満十四歳以上の児童については、この限りでない。この場合においては、これを家庭裁判所に通告しなければならない。

この要保護児童として通告された少年を福祉的支援の対象として、とらえるべきなのだろうか。社会通念上許されない犯罪が含まれていることを考えれば、児童相談所が、捜査機関に代わって家庭裁判所に法的対応を執るべきケースであろう。そのまま少年を家に戻し、保護者の虐待等について指導することが、少年の福祉的支援とは言いがたい。大人は、しかるべき対応をとり、少年にはしっかりと、無免許運転で交通事故を起こしたという、自己の犯罪に対する内省の機会をつくることが、この場合の福祉的支援だと考える。

初期アセスメントをしっかりと行ない、その時々の適切な判断をしなければ、その後のソーシャルワークは行き詰まってしまう。子どもの人生を左右することにもなりかねない。

これまでの経験を踏まえると、児童相談所の相談や通告は、インテーク部門で、一定のアセスメントをしてトリアージすることが重要であると考えられる。支援と介入は切っても切れないものであると述べた。ニーズがあったとしても支援は介入である。意見が対立したときに明らかに介入であることが、明確化されるにすぎない。そのためには、ケースを見立てるインテーク部門の強化が必要であろう。概念の整理ができていないことや制度・法的欠陥などによって、さまざまな混乱を生じさせていることが、先の事例からはみてとれる。

7 支援と介入の機能分化（離）

国は、東京都目黒区の5歳女児の虐待死事案の教訓から児童虐待が疑われる場合、躊躇なく子どもを一時保護するよう一時保護ガイドラインに明記し、児童相談所に対して通知している。東京都目黒区の事案は、児童相談所が積極的な介入をしていれば救われた命であった。

児童相談所は、これまで述べてきたように、支援と介入の両刀使いをする機関であり、児童福祉司は、介入後のケースワークや保護者との関係性を見立てたうえで対応している。保護者の暴力によって子どもが怪我をしてきて子どもが学校から家に帰るのを怖がっている場合など、わかりやすいケースは、職権一時保護をしても徹底抗戦すればよく、一時保護を躊躇することはない。

児童福祉司が、強い介入を躊躇する理由は、その後の保護者との関係がうまく進まずケースワークに行き詰まるのではないかと危惧することだといわれている。確かに、そのとおりである。最初から、通告のあった保護者と対立関係から始めるよりも、関係性をつくってケースワークしたほうが良いと想像すれば、強い介入を躊躇すると思う。

また、行政処分である一時保護をするだけの根拠が弱ければ、正直なところ保護することはできないと考えてしまう。子どもの背中にたばこの火が押しつけられたような痕跡があり、緊急保護したあとに病院を受診すると、実は、とびひであったと診断されれば、目も当てられない。児童福祉法第33条による一時保護は、行政処分の行為であり、行政不服審査法【↓用語集】の対象になる。そもそも、行政不服審査法は、市民の権利利益の救済と行政判断の過ちを正し申立てがしやすいように、2016年に改正が行なわれた。改正によって、請求期限の延長がなされたが、同時に厳格化され業務をより複雑化させることにもなった。

一方で、介入課から支援課に担当が変更となり、徹底抗戦をしたあとを引き受けたこともあるが、支援をしようと思っても一向にケースワークが進展しない場合があった。保護者の反発は、面接を繰り返すうちに親自身がこれまでの養育の不適切さに気づいたり、これ以上、暴力を正当化しても話が進まないと諦めることで波がおさまることもある。諦めた保護者の中には、指導にのるケースと指導にのらないケースがある。進展しない多くのケースは、犯罪性の高いケースか保護者の精神疾患によるものである。

ここに、何があるのか。繰り返しになるが、犯罪性のあるケースを除き、支援と介入は表裏一体である。児童相談所は、捜査機関でもなければ、人を裁く機関でもない。その相反する矛盾と隣り合わせの対応を迫られる児童相談所は、２０１９年の児童虐待防止法改正（第11条第7項）によって、支援を担当する職員と介入を担当する職員の部署を分離させるように明記された。

　図３－２は、厚生労働省が、支援と介入の機能分化（離）について、児童相談所を調査した結果である。虐待対応専門部署の中に初期対応の組織と支援等の組織のあるＢタイプが、29・2％、虐待対応専門部署が分けれてていないＥタイプが、58・5％である。２つの相反するタイプで、約88％を占める。筆者は、地方都市型と都市型の児童相談所に勤務していたので、その特徴を理解できる。地方都市型の比較的ケース数の少ない児童相談所であれば、Ｅタイプであると想像がつくと同時に、日本一の

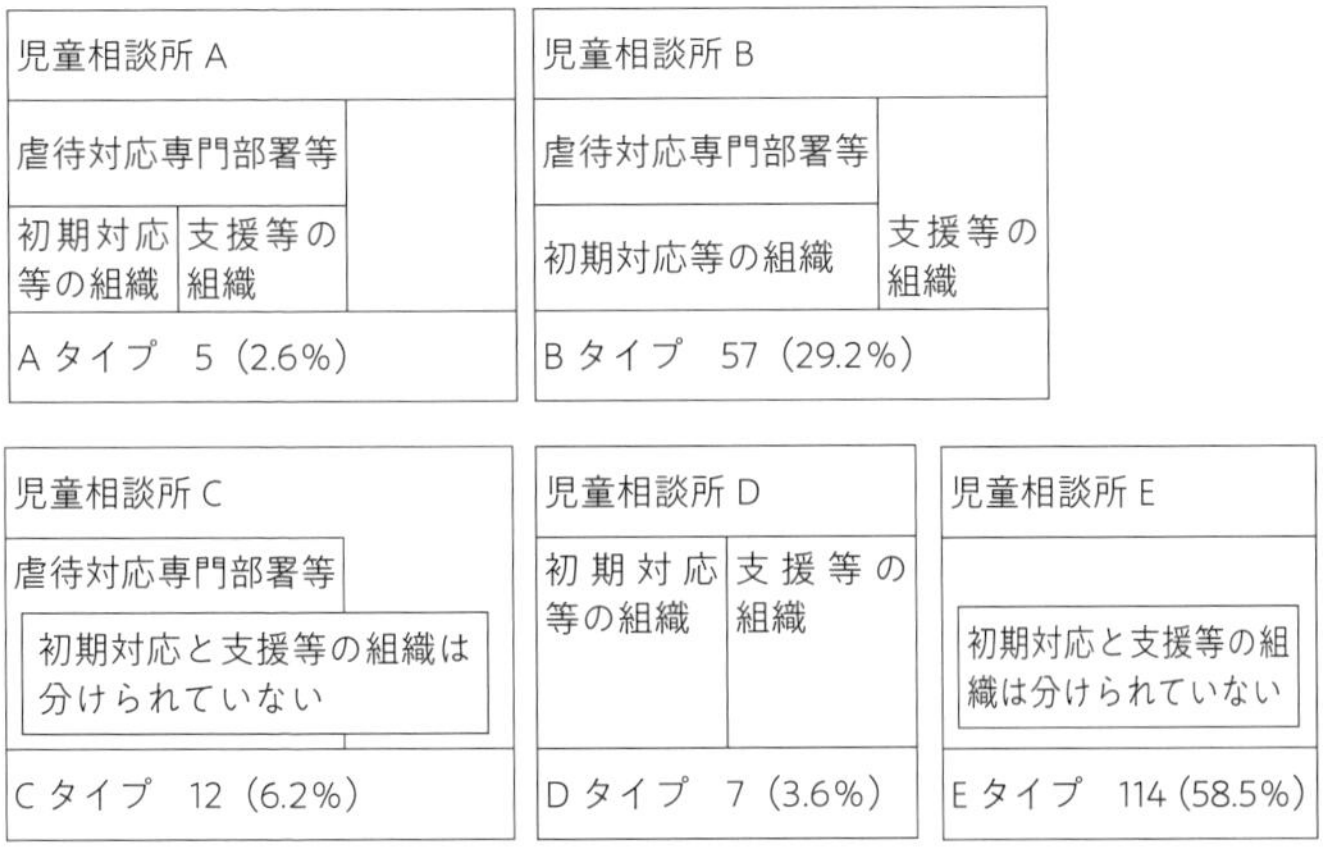

図 3-2　児童相談所の組織体制の 5 つのモデル［PwC コンサルティング合同会社 2019］

児童虐待対応をしていた自治体にいたものからすれば、あたりまえのように思っていた支援と介入の機能分化（離）が、全国の児童相談所ではできていないことに驚いた。

全国に215か所ある児童相談所の業務内容は統一されているが、質と量の違いによる地域差は歴然である。先進的な取り組みをしている都市型の児童相談所が、全国の児童相談所のモデルにならないわけは、そのためである。

たとえば、小規模自治体の常勤弁護士の配置と大規模自治体の非常勤弁護士の配置は、典型例である。大規模自治体であれば、児童虐待に対応できる弁護士を100人近く非常勤として登録させている。小規模自治体の場合、そのようなことはできないであろう。その解消のためには、常勤や専任の弁護士を配置するなどバリエーションをもたせる必要がある。児童相談所に専任で配置された弁護士の方の話では、これまで、児童福祉法第28条の対応の一部分のみの関わりであったが、児童相談所のソーシャルワークのプロセスに関わることができ、全体像がみえるとの感想だった。これらのことから、小規模の児童相談所には、体制に応じたメリットを最大限有効活用できるようにシステムを整備することが大切であろう。

Eタイプの児童相談所は、支援と介入を分けて対応するほどのスケールメリットはないが、法改正によって機能分化（離）をするために支援と介入の別組織に体制を変更する必要がある。これまでにも述べたように支援と介入の機能分化（離）は、児童虐待の初期対応を行なう場合に効果的である。ある程度の人口規模を抱える都市型の児童相談所では、スケールメリットを活かし、効率的に支援と介入の部署を分離することができる。しかし、スケールメリットが得にくい比較的小模の児童相談所では、インテーク班を含む初期対応部門の新設や再編によって、相談の主訴や虐待相談の重症度をトリアージし対応できる体制の整備が求められる。

ただ、どれほど機能分化（離）が進んだとしても、児童相談所が福祉機関として存続するのであれば、ソーシャルワークを捨ててはならない。もちろんここでいうソーシャルワークとは、スペシフィックな虐待対応のソーシャルワークとジュネラルなソーシャルワークの両方である。仮に、これらのソーシャルワークを捨てるのであれば、福祉機関としてはその役割を終結し、捜査機関の一部として組み込まれるべきであろう。

8 児童福祉司の経験者として支援を考える

本章の支援と介入にならぶ人は、『子どもが学がひらく子どもの未来』（北大路書房、2019年）の拙稿「社会福祉にみる支援と介入」［井上 2019］を加筆したものである。少し長いが章末の文章を引用しよう。

「今回、子ども学の視点から支援とは何かと考える機会を得て、支援と介入は表裏一体であろうことを再考させられた。ＳＮＳでは、児童虐待事案に対する加害親への厳罰化が叫ばれている。確かに、加害親は実刑こそ免れないが、十数年、いや数年で社会復帰する。しかし、当事者の成育歴をみると、社会構造の欠陥によって必然的所産の結果、虐待が生じたものともみてとれる。必要な時に、適切な支援が受けられなかったことは、臨床現場にいたものならばよくわかる。

誰もが、幸せに暮らせる環境の整備のためには、子ども期の大切な時期に、厄介だからと他人任せにするのではなく、大人がしっかりと責任を持って、子どもをみて、子どもに学び、子どもとともに育ち、必要な時に支援することが必須である。今回、臨床現場から離れ、本項において改めて「支援」と「介入」に立ち返り述べてきたことが、子どもの最善の利益のために、何かしらの道しるべになれば幸いである。」〔184頁〕

つまり、子どもに虐待をしてしまった親の成育歴を聞けば、親自身も壮絶な子ども期を過ごしていることが多いのだ。支援が必要な子ども期に適切な支援を受けられていない。なぜなのか、それは、大人が人任せにしているからである。

大変だから自分はしない。できる人やできる機関に任せる。こんな発想や風潮を断絶しなければ、決して児童虐待はなくならない。虐待の連鎖は、親子間で引き継がれると思われている。これはこれで正しい。しかし、この虐待をした親の環境をみてほしい。なぜ、この親は虐待をしたのか、それが犯罪でないかぎり、社会構造上の欠陥から生じたものであることを認識すべきである。

社会福祉がある理由は、社会構造上の欠陥を補完するためである。人が貧困に陥る理由は、個人だけの責任ではない。同じように、社会福祉の対象とする児童虐待は、当事者だけの問題ではないのである。また、虐待の連鎖は、大人の人任せによって生じた社会問題でもある。社会の暗部にも目を向け、虐待の連鎖の構造を見抜く洞察力とその課題への対応力が必要である。

これまでにも、保護者との面接をとおして聴き取った保護者の成育歴の内容を精査すれば、虐待の連鎖の構造はわかっていただろう。だがあらためて、2019年3月、理化学研究所は、子どもを虐待したとして有罪判決を受け服役した親ら25人を対象に調査した結果を公表している（各紙が報じているが、［京都新聞　2019年3月31日］による）。

母数が少ないことと、服役中という条件のもと調査されているため限界はあると考えられるが、25人中の18人（72％）の保護者が自身の子ども期に虐待を受けたと回答した。やはり、子ども期の大切な時期に、親自身も虐待を経験しており必要な支援を受けていないことがわかる。臨床現場にいるものであれば、虐待の連鎖は感覚的にわかっていた事実であるが、あらためて証明されたといえるだろう。虐待の再発予防のために、**親支援プログラム**【↓用語集】の活用も有効であるが、この研究成果を活用して、子ども期の支援の重要性を発信してほしい。

そうすれば、児童虐待は、社会全体で改善すべきことだと、必然的にみえてくる。社会全体という抽象的な表現がわかりにくくしているが、ここには個々人ができること、地域ができること、自治体ができること、国ができることがある。「虐待に関われば、あとで何をされるかわからない。巻き込まれたくないし大変だから私はしない」「自治体の長としては、何かあれば責任をとらないといけないし、職員のことを思うと面倒な仕事をさせるのは申し訳ない」「**社会的養護**【↓用語集】の必要な子どもの政策に重点を置いても選挙の票にならないのでやりたくない」。そのような考えでは、また悲劇を生みかねない。

即効性のある対応も必要であるが、原点に立ち返り、子ども期に支援の必要な子どもたちを人任せにせず、地道にしっかりと支えていく体制を整備することこそが重要である。結果として、虐待の連鎖を断ち切る一つの方策となろう。

［註］

＊1　ソーシャルワーク専門職のグローバル定義：2014年7月メルボルンにおける総会において採択、ここにあげた日本語訳は日本ソーシャル ルワーカー協会、日本社会福祉士会、日本医療社会事業協会等で構成

するＩＦＳＷ日本国調整団体が２０１５年２月13日決定した定訳。 https://www.ifsw.org/wp-content/uploads/ifsw-cdn/assets/ifsw_64633-3.pdf

［文 献］

井上景（２０１９）「社会福祉にみる支援と介入」稲垣由子・上田淑子・内藤由佳子（編）『子ども学がひらく子どもの未来』北大路書房 １７１－１８５頁
太田義弘（１９９９）『ソーシャルワーク実践と支援過程の展開』中央法規
加藤曜子（２０１７）「児童福祉法改正に関する課題について――市町村の役割を中心に」『流通科学大学論集――人間・社会・自然編』第30巻第1号 49－50頁
川並利治・井上景（２０１８）「児童福祉司養成に必要な実務の専門性とスキル」『金沢星稜大学人間科学研究』第11巻第2号 15－24頁
京都新聞（２０１９年3月31日）「虐待親ら7割子ども時に被害 理研、受刑者調査 精神的問題も背景」
国際ソーシャルワーカー連盟ホームページ「ソーシャルワークのグローバル定義」 https://www.ifsw.org/what-is-social-work/global-definition-of-social-work/
中垣昌美（２００４）『社会福祉学原論』さんえい
ＰｗＣコンサルティング合同会社（２０１９）「要保護児童の通告の在り方等に関する調査研究」 https://www.pwc.com/jp/ja/knowledge/track-record/childcare-support2018.html

Column 3

「上の者を出せ！」

筆者が、児童相談所に新人の児童福祉司として勤務してまもなく、父親による虐待を理由として小学校４年生の子どもを緊急保護した。保護者に子どもを保護したので話を聞きたいと電話で連絡すると、父親はすぐさま児童相談所に来所された。1階にある面接室に案内し、虐待にいたった事情を聴いた。

その父親は、「そんなことは、お前に話す必要はない。俺の息子はどこにおるねん。早く話をさせろ」と強い口調で訴えられた。新人の筆者の心臓は、今にもはちきれんばかりに、ドキドキと鼓動を打っていた。その父親と面接するが、平行線で一向に埒があかない。父親は「お前では、話にならへん、上の者を出せ！」と言い放ち、苛立ちは収まらない。

筆者は、面接室を出て上司に面接の内容を報告し、わらをもすがる思いで助けを求めた。「父親は、上の者を出さないと、話をしないと言ってます」と報告すると、その虐待対応課長は、「2階にいる総務課長を呼んでほしいのか」と冗談で返してきた。「ほんま、ええ加減にしてほしいわ」と思ったが、一瞬にして緊張の糸がほぐれた。

一般的に、上の者を出せという方は、自分の思いに反する主張をする担当者の変更を繰り返し要求する。要求されたからといって上司が出て行くわけではないし、上司はそのような役割ではない。何もかもを、課長、所長が対応するのなら、児童福祉司は不要であり、すべてを課長や所長がすればよいことになる。これも場数を踏めば、「このケース対応の全権を任せられています」と言い切ることで乗り切れるようになった。そして、張り詰めている職場の緊張の糸をほぐすことも、それなりの立場になれば大切なことだと気づいた。

第4章

裁判・マスコミの行列とクリスマスイヴの児童虐待死事案

1 クリスマスイヴの児童虐待死事案

２０１７年12月24日のクリスマスイヴに亡くなった4歳の男の子のことを知っている方は、どのくらいいるだろうか。裁判の報道により、あとから、この事件のことを知った人はいたとしても、当時のことを知る人は、関係者を除けばあまりいない。

クリスマスイヴといえば、普段では食べられないご馳走やケーキが食卓にならぶ。その夜、子どもたちは、本当にサンタさんは来てくれるのかと思って、期待して眠りにつく。翌日、目が覚めると、枕元に、サンタさんが持ってきたであろうプレゼントが置かれている最もうれしい日である。しかし、年に一度のうれしいはずの日に、大人からしつけと称する暴力によって、命を奪われた4歳の男の子がいた。

クリスマスイヴの日に、母を含む3人の大人から暴力を受けて亡くなったというショッキングなニュースであったため、テレビ局はこぞって報道をしていた。２０１７年12月25日の朝、テレビの電源を入れていつものニュース番組を見ていると、大阪府北部の自治体で起きたこの児童虐待死事案が報道されていて、筆者は事件のことを知った。そのニュースによると、家族は、母親、4歳の兄、2歳の弟の3人と、母親の交際相手の男性とその友人の5人で生活していた。わずか4歳の男の子が、母親や交際相手の男性らの3人から暴力を受けて亡くなり、母親らが逮捕されたとの報道内容であった。

どのテレビ局も事件のあった集合住宅らしき建物から母親や男性2人が警察車両に乗せられる姿を放映していた。奇しくも、クリスマスイヴの日に起きた児童虐待死事案である。しかし、これ以降、同居していた男らの裁判が始まるまで、報道はほぼなされなかった。当時、この事件を知る人は、良くも悪くも関係者に限られていた。

その理由は、2日後の12月26日に別の事件が発生したからである。大阪府寝屋川市の自宅に長年の間、障害のある長女（当時33歳）を監禁し、遺体を放置したとして両親が死体遺棄容疑で逮捕された事件である。これが大きく報道されるようになったため、クリスマスイヴの日に暴行を受けて亡くなった子どもの事件は、忘れ去られた。おそらく、寝屋川市の監禁事案が報道されていなければ、このショッキングな虐待死事案は、世の中をいたたまれない悲痛な思いにさせたと思う。だからと言って再び世間を悲しい思いにさせることや、この事件の対応批判を行なう必要はまったくない。忘れてはならない悲痛な虐待事案が起こったことを知り、繰り返さないための方法を考えることが大切である。この事件をとおして考えさせられることがあった。

このような逮捕事案があれば、保護者は警察署等に勾留されるため子どもの養育ができなくなる。これまで、何度も本書に出てきている「要保護児童」の発生である。警察は、要保護児童を発見すれば、児童福祉法第25条（→第3章7節）を根拠として、児童相談所に子どもの身柄付き通告を行なう。そのため、もし亡くなった男の子に兄弟がいれば、一時保護されているはずだということが、すぐに頭をよぎった。当時、一時保護所に勤務していた筆者は、その日は遅出勤務であり午後からの出勤だった。職場に着くと、業務連絡用のホワイトボードには、予想したとおり新規入所欄に2歳児の名前が書かれていた。その2歳の子どもは、おそらく、何が起きたのか状況をあまり理解せず一時保護所に連れてこられていたと思う。筆者が担当児童福祉司であれば、その子どもに、「痛いところはないかな。今からお泊りする保育園に行くね」などと簡単な確認と説明しか伝えないであろう。詳しいことは、あとあと、保護者が子どもに説明責任を果たすべきだと思う。残された兄弟にとっては、施設入所している理由がわからない。慎重かつ適切な時期に告知すべきだろうが、真実を隠し続ける保護者の姿もみてきた。このような事例は、一時保護所に勤務していれば何度か経験をする。

筆者は、過去に複数回2歳児の保護を経験している。少し別の2歳の男の子のことを思い出してみたい。

一時保護所の遅出業務の一つに幼児年齢の子どもたちの入浴介助がある。幼児年齢の子どもの中には、年齢によって少しの手助けだけで、ほぼ自分でできる子どももいるが、大半は大なり小なり手助けが必要である。一人ないし二人一組になって一緒にお風呂に入り、身体をきれいにする。普段、関わることのない小さな子どもたちの様子をみる唯一の時間である。

児童相談所の一時保護所に保護されている子どもの中で2歳児は、一番小さい年齢（それ以前は乳児院）なので大人の手助けが必要である。彼のお風呂の順番となったので、着替えの用意をもって、お風呂に入ろうと誘うが、はじめて来る施設に不安を感じていたのか、筆者が怖かったのか、ぐずってお風呂に入ることを嫌がった。少し乱暴だったかもしれないのだが、抱きかかえて脱衣場に向かった。

脱衣場で彼が発した2つの言葉は紙面に書けないが、私には忘れられない。そして、泣きながらも自ら服を脱ぎ始めたことに、風呂に入るのが嫌ではなかったことにも気づいた。服やオムツを脱ぐと、新しい痣と古い痣がいくつも見られ、その痛々しい姿と、虐待を受け続けてきたであろう状況を想像すると、悲痛な思いと感情がこみ上げた。しかしその後、時々会うお風呂での彼とのやりとりは、私を楽しませてくれた。幼児数人が、バナナ鬼の遊びしていたときには、彼は理解していない様子だったが、邪魔にならない程度に、たまにちょっかいをかけていた。廊下で会うと笑顔で返してくれたのも印象的だった。2歳児のやりにくさは誰しもあるだろうが、無邪気な彼に無数の痣をつくるまで暴力をふるう必要があったのだろうか。

本事案の兄の話にもどれば、ケーキや食事をこぼしたことなどを理由に暴行を受け続けて亡くなったとされる。裁判での検察官の話では、交際相手の男性やその知人が同居してから2人の暴力は始まっている。また、母の指示であったと言うことであるが、母の指示がなくとも暴力はあったことが明らかにされている。これを虐待としてとらえてよいのだろうか。単純に暴力と言ったほうが適切ではないのか。虐待の概念が広すぎるように思う。

このようなケースの場合、面接を行なえば、保護者はたいてい「虐待ではなくしつけだ」と言う。またかと思うぐらい、どの保護者も同じように言う。しかし、単純に考えてほしい。

しつけ≠虐待
暴力＝殴る・叩く
傷害＝暴力によって怪我をすること

ではないか？　この表現のほうが、シンプルではないか？　しつけのための暴力はありだとするロジックを主張する人がいる。しかし、殴ることは「暴力」ではなく、「しつけ」だといえるのだろうか？「殴ったことは虐待だと思わなかった」と言うが、殴ることは暴力ではないと否定できないはずだ。しつけの議論は、第2章5節で論じたが、「虐待の概念」と「虐待についての認識」の整理と周知が必要なのだ。

2 児童虐待の裁判傍聴の行列

この裁判の公判は6回開かれ、2019年3月1日が判決の日であった。世間の関心が高い裁判であり、判決を聞くためには傍聴券が必要であった。そのため、多くの人が傍聴券を求めて行列をつくった。児童虐待に関心を示したのであろうか、傍聴の行列の中には高校生らしき姿もみられた。

公判に来る人の年齢層はさまざまであり、最初から最後まで、ずっと聞く人もいれば、途中退出する人もいる。筆者は、児童相談所の仕事として、ぐ犯少年の観護措置を執る少年審判に何度か立ち会ったことがあるが、裁判の傍聴は初めての経験であった。

裁判の中で、検察官の話の中で印象に残った内容がある。その検察官は、被告人の情状陳述の場において、「あなたは、A君の母親から彼を施設入所させたほうがよいかと相談を受けたとき、施設に入所させることを反対しました。あなたは、先ほど、自分が施設でいじめられた経験があった。だから、施設に入所させることに反対をしたと話しました。結果、A君の弟は、どうなりましたか。施設に入りましたね」と説明した。被告人が児童養護施設に入所していたとする旨の情状陳述に対して切り返したもので、振り払うような言い方であった。この検察官の切り返しは、まさに職人技であった。被告人の発言の裏を読み返す力である。この他にも、検察官の言葉に、いくつか考えさせられることや思うことがあった。

この頃、一時保護所にいなかった筆者は、この弟が、その後どうなったかは知ることはできなかった。ただ、これまでの児童福祉司の経験からは、2つの選択肢しかないことは知っていた。児童養護施設等の施設入所か親族先での生活かのどちらかである。さらに、逮捕事案の場合は、後者はほぼないことも経験上わかっていた。やはり、この弟は施設に入所していると裁判の傍聴を聞いて確信した。

次に、この発言を聞き、もう一つ考えさせられたことがあった。この被告人も子どもの頃に施設入所していたことである。残念だがいじめのない施設はない。違いはその対応が適切にできているかどうかである。被告人も施設でいじめられた経験、いじめた経験があるとも語っていた。また、弁護側から、この被告人の母とは、一切連絡をとれずにいたとの報告もあった。裁判を傍聴しただけでは、深い事情はわからないが、この被告人も支援が必要な子ども期に、十分な支援を受けられなかった人であると思われた。児童虐待による事件を批判するだけではなく、また、対応を人任せにするのではなく社会構造上の欠陥によって生じる問題を大人がしっかりと考えなければならない。

さらに、別の観点からは、当初は、被告人の一人が、「しつけ」のつもりで殴ったと、発言していたことである。被告人が「しつけ」ではないと気がついたのは、逮捕されてから弁護士に、あなたの行為は、重大な責任を負うことであると言われてからであり、当時は、異常なこととは思わなかったとの発言があった。

何度も児童相談所で保護者面接をしてきたが、「しつけのために子どもを叩くことが、なぜ悪いのか」と、よく聞かされた。裁判の傍聴の中でも、被告人からは、事件を起こして気づいたとはいえ、「しつけ」と「虐待」は、区別されずイコールとしてとらえられていることがわかる発言がなされており、やはり残念だと感じた。

この裁判の最終公判において、男性2人の被告に対して検察側は論告で、A君の母親から要求されたとはいえ、A君とその弟に日常的に虐待を加え、A君の腹部を殴って死亡させたと指摘し、関与の度合いは、3人とも同じで「責任は同等に重い」としている。そのうえで、「仕事もせず自堕落な生活で、自分たちの憂さ晴らしから暴行に及んだ。……子どもに卑劣にも大人3人でやりたい放題の暴行を加えており、まさに拷問というほかない」と非難し、懲役12年を求刑している。2人は罪を認めているが、致命傷となる暴行は否定したとある。また、弁護側の最終弁論は、2人は罪を認め一生涯かけて償うと反省をしており懲役6年が妥当であると主張したとある［朝日新聞2019年2月25日夕刊］。

その週末の3月1日に開廷された大阪地方裁判所の判決内容では、「少なくとも1週間にわたって皮膚が変色するほどの強く殴る暴行を続けたことは悪質。肉体的苦痛だけでなく、日常的に暴行を受ける恐怖も大きかった。2人は、従属的な立場だったと主張したが、断ることは可能で指示がなくとも暴行をしていたとして、傷害致死罪の中でも重い部類に属すると判断。しかし、警察に出頭し、反省の態度を示していることを踏まえて量刑を導いた」［朝日新聞　2019年3月2日］として、2人に対して懲役10年が言い渡された。

「少なくとも1週間にわたって皮膚が変色するほど」とあるが、裁判で医学的に証明された部分のみである。これ以外にも、長期にわたって虐待が続いていたことは、容易に想像がつく。

第2章の表2-3「児童虐待で起訴される主な罪名」に記載したとおり、傷害致死罪では、刑法第205条が適用され「身体を傷害し、よって人を死亡させた者は、三年以上の有期懲役に処する」とある。この刑法の規定と過去の判例から、求刑に対して量刑を鑑み懲役10年の実刑としたのであろう。

その後のSNSをみると、子どもを殺して懲役10年は短すぎるなどの書き込みが多数見られた。確かに、感情論からすればそうかもしれない。また、「児童虐待罪」の発想が出てもおかしくはない。

3　クリスマスイヴの児童虐待を読み解く

2019年2月から公判が開始され、3月に判決のあったこの事案は、母親の交際相手とその知人の2人に対する傷害致死容疑に対する裁判であった。母親からの指示によって、交際相手とその知人の2人の被告が、子どもに対して暴力を行なった。　母親は、交際相手に指示をして手を加えているが、これはこれまでの虐待の構造とは少し違う。

確かに、子どもが食事中にご飯をこぼしたりと、育てづらさはあったのかもしれない。しかし、憂さ晴らしのために、大人3人が、よってかかって子どもに暴力をふるうなどとは聞いたことがない。被告人は、「音がなるまで叩いた」「痣ができていても危険だとは思わなかった」「自分の子どもが同じように大人から暴力を受ければ、相手に対して怒りの感情が出る」と、公判の場で述べていた。他人の子どもだから暴力をふるえたというのは、「しつけ」ではない。育児がうまくいかず子どもにきついことを言ってしまった、叩いてしまったと悩む保護者がいる。当然これも虐待にあたるが、この事件は、虐待の質や程度がまったく違う。今回、判決で言い渡された刑期の長さは、その悪質さのあらわれであろう。

次に、少し別の観点から読み解きたい。

東京都目黒区の事案、千葉県野田市の事案、大阪府箕面市の事案、いずれの児童虐待死事案も、転居ケースである。箕面市の検証報告書によれば、家族は2016（平成28）年8月24日に隣町の池田市から転入している。8日後、9月1日には、箕面市や児童相談所が家庭訪問を行なうなどマニュアルに沿った引き継ぎが行なわれていることは評価できる。しかし、箕面市の第三者委員会の報告書は、転入時の情報把握とリスク判断ができていないことを指摘している［箕面市教育委員会　2018］。

この構造をみてみると、移管を受ける箕面市は、これから家庭に介入し支援するプロセスの中で、危険性の把握ができるが、転居直後の当該家庭の状況は書面のうえでしかわからない。この時点では、伝聞情報と初対面の印象によってアセスメントする他にない。このケースを理解しているのは、転居前の池田市であり、一時保護をした児童相談所である。ただ、池田市の感覚と児童相談所との感覚には、温度差があった。池田市は、これまで保護者と直接やりとりをしており、家庭の状況把握ができていた。それに対して、児童相談所は、直接対応した池田市の伝聞情報と、一時保護での対応で得た情報等を材料にしてアセスメントしていた。直接対応し、危機感をもって、かろうじて部分的につながっていた池田市が抜けたことによって、警戒レベルが下がってしまった。これは、都道府県と市町村の二元体制であれば、どの市でも起きうることであり、筆者自身も大阪府の児童相談所では体験してきたことである。

第三者委員会の報告書は、非常に重要である。さらに再発予防を考える材料として提言をつけ加えるのであれば、府の機関と市の機関の二元制が引き起こす弊害を指摘しなければならない。虐待対応のルールを厳格化することも重要であるが、どんどんルールが複雑化していくのも確かである。こういった中で、千葉県野田市の小学4年女児の虐待死事案[*1]のように、児童虐待対応のイロハをすっ飛ばしてしまうような対応が出てきている。小手先だけの対応では防げないのはもちろんだが、それ以前に基本的な対応さえできていない。子ども家庭福祉の現場は、そこまで追い込まれているのだろうか。

市区町村の基礎自治体の担当者は、まさに警戒レベルを感知できる立場にいる。それに対して、伝聞情報を精査する都道府県の児童相談所の職員は、その感度が鈍くなる。二元体制の弊害によって、幾度となく虐待死事案が繰り返されている。過去の虐待死事案から教訓を読み取らなければならない。

4 マスコミの行列

児童虐待による子どもの死亡事案や重度の傷害を負う事案の場合、これまでの行政の対応に問題はなかったのか、責任が問われる。児童相談所は、子どもの権利擁護の機関である。つまり、子どもの権利を守り、命を守る機関であるから責任が問われる。子どもの権利や命が失われたならば、当然、その対応に問題がなかったのか説明責任が生じる。

筆者の担当していたケースには、このような事案はなかったが、管内人口約529万人、児童人口83万人を抱える大阪府では、年に数件、児童虐待死事案ないし、児童虐待重症事案が発生する。

警察の報道発表があれば、すぐさまマスコミが行列をつくって児童相談所に押しかけるので、それまでに、説明できる資料を作成しなければならない。報道機関は、警察から発信される逮捕事案のプレス発表をもとに知るのだろう。報道があれば、いやなくても、すぐさま職員は総動員で対応にあたる。いちはやく、どの報道機関も取材をしたいと思って児童相談所に殺到する。膨大な記録や資料をまとめなければならないため、当時は、もう少し待ってほしいと思ったことが何度かあった。

タウンページという黄色い電話帳。検索の利便性から今ではすっかり影が薄いが、タウンページといえばページ数が多い本や雑誌の代名詞である。そのタウンページのような厚みあるNo・1、2…と書かれた児童記録のケースファイルをプレス発表用にA4用紙2枚程度にコンパクトにまとめる必要がある。同僚らは、分厚いケースファイルを手際よく分担し、重要事項説明書を書き上げていた。この重要事項説明書は、保護者が施設入所の不同意を示した際に作成する児童福祉措置審査会に諮問するための資料の様式と同じである。そのため、児童福祉司は、A4用紙2枚にケースの全容を落とし込むことに慣れている。報道機関に情報が提供されるプレス発表の裏側では、こんなことも行なわれている。

児童相談所は、児童虐待によって痛ましい事案が起きれば、万が一にも否がなかったとはいえない。それは、児童虐待によって子どもが被害に会い、それを防げなかったとすれば、子どもの権利擁護の機関である児童相談所が、予防的措置をとらなかったからであり、その責任が発生するからである。支援と介入の両刀使いをする児童相談所は、すべての責任を負わなければならない。だから、説明責任が発生し、対応の不手際があれば謝罪会見を行なう。

逮捕事案があれば、警察から、一つは刑事訴訟法第197条第2項による捜査関係事項照会として情報の提供を依頼される。この場合、質問に対して文章で回答する。もう一つは、刑事訴訟法第218条による証拠書類等の差し押えによる方法があり、この場合は捜査に協力をする。

> 刑事訴訟法　第百九十七条
> 捜査については、その目的を達するため必要な取調をすることができる。但し、強制の処分は、この法律に特別の定のある場合でなければ、これをすることができない。
> 2　捜査については、公務所又は公私の団体に照会して必要な事項の報告を求めることができる。
> 刑事訴訟法　第二百十八条
> 検察官、検察事務官又は司法警察職員は、犯罪の捜査をするについて必要があるときは、裁判官の発する令状により、差押え、記録命令付差押え、捜索又は検証をすることができる。この場合において、身体の検査は、身体検査令状によらなければならない。

千葉県野田市の虐待死事案では、アセスメントシートや一時保護解除シートの不備等が報道されていた。第三者委員会の発表を待たずして、次から次へと問題点が出てきたのは、児童相談所が自ら発表したり、まさか委員が勝手に情報をたれ流していたからだとは思えない。警察が児童相談所のケースファイルを差し押さえていたため、警察が発信するプレス発表によって提供された情報であろう。なお、一般に情報公開を請求しても、被害者保護のために黒塗りされた記録が出されるだけである。

一方で、「野田の虐待　報道機関への周知、終了後会見なし　千葉第三者委2回目開催」のような記事もある［デジタル毎日　2019年3月26日］。確かに、虐待事案の報道を発表することは、発表する管理職は当然のこと、事務方の労力を費やすことになる。事務方とはこの場合、現場の児童福祉司らである。そうでなくても、現場は、案件をたくさん抱えており、その対応だけでも夜間休日を割いている。

岸和田事件を経験していない筆者は、駆け出しの児童福祉司の頃、上司や先輩職員から虐待死や重症事案があれば、業務がストップしてしまう怖さを聞かされてきた。連日、記者が児童相談所に詰めかけたり、市民からは、事件の対応のまずさに対する苦情の電話が殺到したりして、先輩たちはその対応に奔走したようである。

千葉県野田市の虐待死事案の担当者は、岸和田事件以来の児童虐待の報道であり、苦慮していたことはわかる。これまでの報道を見るかぎり、教育委員会や児童相談所など、どの機関もあまりにも杜撰な対応だっただけに、第三者委員会が指摘する部分はたくさんあるだろう。事務局を務める千葉県児童家庭課は、「記者の取材で面倒になることを逃げようとしたと受け止められても仕方がない。配慮が足りなかった」と釈明したとある。

ここで問題だったのは、報道機関に知らせなかったことではなく、説明責任を果たさずに逃げてしまったことである。なぜ、子どもの権利擁護の機関が、子どもの命を守ることができなかったのか、その理由と責任を明らかにしなければならない。記者からの質問は、決して、児童相談所を擁護するものはないだろう。ここまで世間に悲痛な思いをさせた事案である。同じことが他の児童相談所において二度と起こらないように、可能な範囲で説明する、もしくは、説明ができない理由を説明することが求められる。

会見を開かないのならば、何か隠しているものがあるとみられても仕方がない。しかし、この千葉県野田市の事案は、隠すべきものはないだろう。第三者検証委員会は、児童相談所の実情を知らない人を入れている場合もあるが、野田市の第三者検証委員会は、国民からも専門家集団からも注目されており、メンバーをみれば実力派ぞろいである。通常ならば、検証結果が、頓珍漢な発想だったりナンセンスに聞こえることもあるが、野田市と目黒区の事案の第三者検証委員会は、これまでのような形式的なものではないし、力の入れようが違う。これ以上、凄惨な虐待事案が起こらないように結成された委員会である。

しかし、これまでの委員会等のあり方は、元大阪府知事の橋下徹氏が、目黒区の事案を教訓とし組織を動かすことについて語った、次の発言に象徴されているように思う。「役所組織というのは、学者組織の大学とは全く異なる。大学は物事を知っておけばとりあえずＯＫだが、役所組織は物事を知っているだけでは全くダメで、実際に動かなければ意味がない」［PRESIDENT Online　２０１８年6月27日］。

確かに、役所組織の職員と大学の教員をしていたものからすれば、発言の意味がよくわかる。大学教員は、倫理に反することがなければ自由に発言ができる。その発言の裏づけがあれば何ら責任を取らなくてもよい。だからこそ、新たな知見が生まれる。

これまでの第三者検証委員会等の提言は、専門家の知見を結集した内容であり理にかなっているし、児童虐待の場合、同じような悲劇を生まないための方策が盛り込まれている。一方で、児童相談所の現状を理解していない委員の発言は、斬新であるが、児童相談所の業務をより煩雑化させることもあり、それによって、次の児童虐待事案を誘発させてしまったり、職員をバーンアウトさせてしまうこともある。もしくは、無難な落としどころを見つけて結論を出しているように思う。即効性のある解決にはならないが、もっと根本的な課題である社会構造の欠陥を明らかにして、その改善策を提議しなければならない。

また、どのような委員会でも、必ず、反対と賛成、右と左という軸が存在している。ここから、感情論や恣意的な判断になれば、とんでもない方向に世論が動くことにもなりかねない。客観的なジャッジやコーディネートができる人がいなければ、強い意見が勝つという恐ろしい事態も生じる。

二者択一ではなく、将来を見据えて、子どもにとって最善の利益にかなうために審議が行なわれ、しっかりと精査する委員会であってほしい。

児童虐待で子どもの命が失われたのであれば、権利を護れなかった児童相談所には、説明責任が課せられる。マスコミの行列を回避してはならない。ただし、公表することは、マスコミのためではない。子どもの福祉を護るためには、どうすべきなのか社会全体で考えるための材料を提供してほしいのだ。また、マスコミも子どもの福祉を護るという視点で、どうあるべきかを報道してほしい。次に、首長の発言が問われた記事をみてみよう。

千葉県野田市の小学4年女児の虐待死事案について、以前その家族の住んでいた自治体のトップが議会の中で、「千葉県の事件については、直接は市の責任はないものと思っている。（当時の）市の対応に問題があったかについては、検証を進めている協議会で明らかにされる事実関係を踏まえて判断する」と答弁している。さらに、「事実関係が明らかでない中で謝罪することになるので、市にとっても市民にとってもいいことではないと思う」［琉球新報Ｗｅｂ Ｎｅｗｓ ２０１９年3月20日］と述べたとある。

本来ならば、「市の対応に問題があったかについては、検証を進めている協議会で明らかにされる事実関係を踏まえて判断する」と、この発言だけでよい。直接の責任は、野田市や千葉県であろうことは、誰しもわかっている。以前住んでいた市に直接の責任はなかろう。しかし、この発言の裏側にある意図を考えなければならない。一つは、児童虐待の対応のまずさによって市が責任追及を逃れようとした可能性がある。初期対応のまずさは、あとにケースを引き継ぐ自治体としては、たまったものではない。

また、女児が千葉県に引っ越すまで暮らしていた市が、父親による児童虐待やＤＶ疑いの相談を母親から受けていたのにもかかわらず、女児本人に事実関係の聴き取りをしていなかったことに対して、専門家は、「市として本人から話を聞く必要があった」と論じている［沖縄タイムスプラス　２０１９年２月１日］。

児童虐待対応のマニュアルに沿って対応すれば、本事案は、虐待通告ととらえ、子どもに面接をして事実確認をしなければならない。母親から子どもに会うことを拒否されたとしても、女児本人から確認すべき事案であったことは専門家の言うとおりである。自治体によっては、子ども本人・兄弟や保護者のことを考えて、当事者にとって不利になる事実を出さないこともあるだろう。つまり、これからの親子関係の修復を考えての対応である。その場合、当事者たちを守るために、市が責任をかぶっていると理解を示すこともできる。

しかしこの時、市は「もし、話を聞き取っていても、虐待の有無を判断するための事実の一つであり、虐待があったと言えたかは分からない」と答えている［沖縄タイムスプラス　２０１９年２月１日］。この回答をみるかぎり、責任逃れの自己防衛としか思えない発言である。

2004（平成16）年の児童福祉法改正によって、市は児童虐待の第一窓口として規定されている。いつの時代の発言なのかと耳を疑うような内容である。子どもの福祉を守る姿勢は、微塵も感じられない。人任せにすることが悲惨な児童虐待をまねくことをあらためて考えてほしい。

行政組織の場合、特に厄介な仕事は安易な方向に進む可能性がある。首長は、このような仕事ほど、リーダーシップをとって進めなければならない。首長の安易な発言や姿勢は、市職員に浸透するので、十分に配慮すべきである。職員に対し人気取りの発言をする首長や、自己防衛を図る首長では、市民や子どものために汗を流すような仕事はできない。

5　児童福祉の法律改正の行列

子どもを護る規定を憲法の中に明記すべきであろうが、現在、子どもに関する法律としては、1947年制定の児童福祉法や2000年制定の児童虐待防止法等がある。児童福祉法の制定当時は、戦後の混乱期の中で、すべての児童を対象としており画期的な法律であるといわれていた。また、時代が変化しても、長い期間その理念は変わらなかった。

2016（平成28）年の児童福祉法改正は、パラダイム転換だといわれている。何が大きく変わっ

表 4-1　児童福祉法改正（2016 年）による変更点

改正後	改正前
第１条 全て児童は，児童の権利に関する条約の精神にのっとり，適切に養育されること，その生活を保障されること，愛され，保護されること，その心身の健やかな成長及び発達並びにその自立が図られることその他の福祉を等しく保障される**権利を有する**。	第１条 すべて国民は，児童が心身ともに健やかに生まれ，且つ，育成されるよう努めなければならない。 ②すべて児童は，ひとしくその生活を保障され，**愛護**されなければならない。
第二条 全て国民は，児童が良好な環境において生まれ，かつ，社会のあらゆる分野において，児童の年齢及び発達の程度に応じて，その意見が尊重され，その**最善の利益が優先**して考慮され，心身ともに健やかに育成されるよう努めなければならない。 ○２　児童の保護者は，児童を心身ともに健やかに育成することについて**第一義的責任**を負う。 ○３　国及び地方公共団体は，児童の保護者とともに，児童を心身ともに健やかに育成する責任を負う。	第二条　国及び地方公共団体は，児童の保護者とともに，児童を心身ともに健やかに育成する責任を負う。

たのだろうか。それは、児童福祉法第1条と第2条をみればわかる（表4-1）。

児童福祉法の基本理念は、1947（昭和22）年の制度の制定当初から一度も見直されていなかった。当時の児童福祉法第1条には、「児童が心身ともに健やかに生まれ、且つ、育成されるよう努めなければならない」とあり、努力すべき規定である。また、「すべて児童は、ひとしくその生活を保障され、愛護されなければならない」とあり、子どもは愛され保護される客体として取り扱われている。

それに対して、2016年の児

童福祉法改正では、子どもは適切な養育を受け、健やかな成長・発達や自立等を保障される権利を有するものとした。つまり、ここに子どもは〝権利の主体〟であることが明確化された。

また、児童福祉法第2条に規定された「最善の利益が優先」は、これまでの法律にも何度となく使われてきたが、児童福祉法に規定されたことにはとりわけ意義がある。同第2条では、保護者は第一義的責任を負い、国や地方公共団体は保護者とともに、児童を育成する責任を負うとされた。つまり、子どもを中心に位置づけた養育は、まず、保護者が担い、そのために必要な対策や支援は、国・地方公共団体が行ない、保護者とともに責任をもつ仕組みであることが明確化されたといえる。

児童福祉法と児童虐待防止法は、セットで改正されていることが多い。法律が改正されるということは、つまり、現行法では対応しきれない不具合や補完しなければならないことがあるということである。たとえば、しつけによる体罰禁止が法律の中に盛り込まれたならば、社会の中で、しつけによる体罰が問題になっているということだ。改正内容をみれば、その時に何が起きているのかを読み取ることができる。表4-2に、児童虐待防止法が成立して以降の主な改正をあげている。

このように、児童福祉法や児童虐待防止法は、たび重なる改正が行なわれており、そのため、その時代に何が課題として起きているのかをみることができる。

さらに、児童相談所運営指針の改正をみてみると、よくわかる。児童相談所運営指針は、1990(平成2)年3月5日に施行されて以降、これまでに計21回の改正がなされている。改正は、年に1回あるかないかであるが、2018(平成30)年は1年間で5回改正されており突出している。東京都目黒区の虐待死事案の教訓に出された児童相談所の体制強化や一時保護ガイドラインが策定されたことが理由である。これらの改正は、子ども家庭福祉が立ち遅れていることを示し、法律が社会を後追いしている状況を表わしているともいえる。

話は少しもどるが、2019年の児童虐待防

表 4-2 児童福祉法・児童虐待防止法改正一覧

実施年	法律	主な内容
2000年	児童虐待防止法の成立	児童虐待の定義（身体的虐待・性的虐待・ネグレクト・心理的虐待），住民の通告義務。
2004年	児童福祉法・児童虐待防止法	児童虐待の定義の見直し（同居人も対象），通告の義務の拡大（虐待を受けたと思われる場合も対象），市町村の役割の明確化（通告受理先として追加）要保護児童対策地域協議会の法定化
2007年	児童福祉法・児童虐待防止法	児童の安全確認等のための立ち入り調査の強化，保護者に対する面会。通信等の制限の強化。
2008年	児童福祉法	乳児家庭全戸訪問，要保護児童対策地域協議会の機能強化，里親制度の改正等家庭養護の拡充。
2011年	児童福祉法	親権停止および管理喪失権の審判等について児童相談所長の請求権を付与。里親委託中および一時保護中の児童に保護者がいない場合の児童相談所長の親権代行を規定。
2016年	児童福祉法・児童虐待防止法	児童福祉法の理念の明確化，母子健康包括支援センターの全国展開，市町村および児童相談所の体制強化，里親委託の推進。
2017年	児童福祉法・児童虐待防止法	虐待を受けている児童等の保護者に対する指導への司法関与，家庭裁判所による一時保護の審査の導入，接近禁止命令を行なうことができる場合の拡大。
2019年	児童福祉法・児童虐待防止法	保護者の体罰を禁止，児童相談所の機能強化及び関係機関間の連携強化。児童の権利擁護、児童相談所の設置促進

止法案の体罰禁止に関して、テレビ朝日が世論調査を行なった結果がある［/tv asahi GO™ 2019年3月］。2019年3月16日～3月17日の2日間に、児童虐待防止法改正案の体罰禁止について次の質問を、全国18歳以上の男女1943人に電話で調査し、有効回答率53・0％を得たとして、ホームページに調査結果が公開されている。

Q 「親がしつけとして、暴力を使ったり、体に害がある環境に置いたりして、子どもを傷つけ、死なせてしまう事件が起きています。政府はいまの国会で、親による体罰を禁止する法改正を目指しています。あなたは、体罰を法律で禁止することに、賛成ですか、反対ですか？」

（傍線は筆者による）

回答は、賛成59％、反対20％、わからない答えない21％である。この結果について、6割以上の人が賛成しているとみるか、2割の人が体罰を容認しているとみるか意見が分かれるところだろう。筆者としては、後者の考えである。傍線部のように、「しつけとして子どもを死なせてしまう事件が起きている」と文言を前置きして、少し質問に誘導があるようにも思うが、にもかかわらず、まだ、2割の人はしつけによる体罰を容認しているとなれば、さらに、エビデンスをもって体罰の子どもへの影響を説明しなければならない数字である。

最後に、1年間に虐待によって亡くなる子どもたちの数を図4-1に示した。これも、毎年、厚生労働省が公表しているもので、年間約70人の子どもたちが、何らかの虐待で亡くなっている。つまり、少なくとも1週間に一人以上の子どもが虐待によって亡くなっている計算になる。この数字は、児童相談所が把握した子どもの数である。逆に言えば、児童相談所が把握していない虐待死の疑いの事案や、出産した子どもを遺棄した死体遺棄事案は必ずしも含まれない。子どもの虐待死は、これ以上にあると考えられる。

[註]

＊1 ①一時保護の解除時、虐待の再発は認められないとして女児を実父母宅へ戻す判断をした。リスクアセスメントが不十分であったこと。②継続指導ケースであるにもかかわらず、一度も家庭訪問が行なわれなかった。③子どもの声

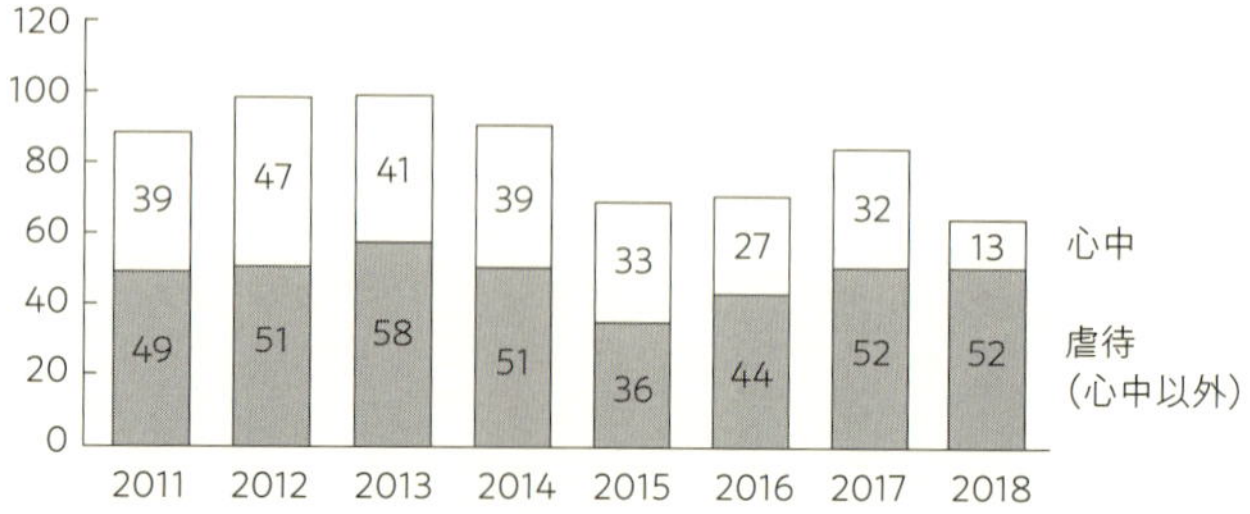

図4-1 児童虐待による死亡事例の推移 ［厚生労働省 2019］
社会保障審議会児童部会「児童虐待等要保護事例の検証に関する専門委員会」による検証結果他より

を反映した対応ができていなかった。④守秘義務が守られていなかったなど課題が挙げられている。

〔文　献〕

朝日新聞（２０１９年２月25日夕刊）「虐待死、懲役12年求刑　母親の交際相手ら」

朝日新聞（２０１９年３月２日）「箕面の虐待死、懲役10年　母親の交際相手ら　大阪地裁判決」

沖縄タイムスプラス（２０１９年２月１日）「千葉小４虐待死：DV相談、糸満市は女児から聴取せず　専門家「必要だった」」 https://www.okinawatimes.co.jp/articles/-/379831

厚生労働省（２０１８）「第９回児童虐待防止対策に関する関係府省庁連絡会議幹事会」（資料２） https://www.mhlw.go.jp/content/11900000/000361196.pdf

デジタル毎日（２０１９年３月26日）「野田の虐待　報道機関への周知、終了後会見なし　千葉県第三者委２回目開催」 https://mainichi.jp/articles/20190326/k00/00m/040/345000c

/tv asahi GO™（２０１９年３月）「報道ＳＴＡＴＩＯＮ Ｐｏｌｌ世論調査」 https://www.tv-asahi.co.jp/hst/poll/201903/index.html

PRESIDENT Online（２０１８年６月27日）「橋下徹〝５歳児虐待死の教訓をこう生かせ〟」 https://president.jp/articles/-/25458?display=b

箕面市教育委員会（２０１８）「箕面市児童虐待死亡事案に関する調査・検証報告書」

琉球新報Ｗｅｂ Ｎｅｗｓ（２０１９年３月20日）「千葉小４女児死亡「糸満市に直接の責任ない」　糸満市長が議会で答弁」 https://ryukyushimpo.jp/news/entry-891413.html

Column 4

高い塀の中での束の間の休息

児童相談所で出会う保護者の中には、大麻・覚せい剤等の薬物、そして、子どもに重篤な障害を負わせ、また、死なせてしまい刑務所に収監される方がいる。残された子どもは、保護者が養育できない要保護児童の状況となり、児童相談所が子どもをあずかり、施設や里親へと送り出す措置をする。

収監されている間の養育や出所後の子どもの養育について、保護者の方と刑務所や拘置所の面会室で話をする。普段、お目にかからないアクリル板越しに面接（面会）をする。向かい合うのは、保護者だけでなく後ろには刑務官の方が控えられている。面会が混みあっていれば、時間制限がかかる。面会前の待ち時間は、分刻みで動いてる児童福祉司としては、束の間の休憩時間でもある。

ふと、そんなときに思う。なぜ、この保護者が子どもを死なせたのだろうか。なぜ、子どもに重度の障害を負わせたのだろうか。そもそも、子ども嫌いでもなさそうだ。決して、児童虐待への厳罰化の傾向を否定するわけではないが、もっと根本的な課題を明らかにしていくことのほうが大切なのではなかろうか。

第5章

児童相談所一時保護所の行列

1　一時保護所にならんだ子どもたち

児童相談所一時保護所に足を運んだことがある人は、いるだろうか。基本的には、一時保護所は秘匿の施設である。つまり、一般には公開されていない施設であり、めったに見学することはできない閉鎖的な施設である。

入所している子どもたちの大半は、虐待を受けてきたことを理由に保護されている。その他、何らかの触法行為やぐ犯行為を事由として要保護児童通告によって入所する子どもたちもいる。一時保護所の役割として、虐待者である保護者の連れ去りを防ぎ、法に触れる行為等をした子どもに内省の機会と気づきを与えて支援することがある。このため一般の児童福祉施設と比較して、閉鎖的な施設になっている。筆者も一時保護所の子どもたちの支援に携わり、さまざまな困難を抱える、いや、抱えざるを得ない子どもたちと寝食をともにした。

国は、閉鎖的な施設である一時保護所を開放的な施設に転換するように促しているが、現場は、理想と現実の中で混乱している。その混乱の中で、議論されていない課題がある。それは、一時保護所では、被虐待の子どもと非行の子どもを受け入れる混合処遇をしていることである。非行の子どもたちへの対応は、入り口の支援や指導のメニューが異なる。罪を犯した子どもだからといって閉鎖的な空間で生活させる必要性はないだろう。しかし、性加害等の触法・犯罪を犯したものまで一時保護所から学籍のある学校に通学させることはない（実際に一部を除いて通学していない）。もちろんここには、再犯しないために内省の機会を与えるという理由がある。このほかにも、教育機関としては、厄介な親や子どもを排除したいという思わくがあるが、現状についていえば、このような思わくを反映したわけではなさそうである。つまり、非行児童への対応や、彼らと被虐待児が一緒に扱われる現状は、一時保護ガイドラインの欠陥だと考えられるのだ。ここは、補完していくべき必要があるだろう。何もかも、まぜこぜにすることによって混乱をまねいている。

児童相談所一時保護所は、児童福祉法第12条の4に基づき、必要に応じて「児童相談所に付設もしくは児童相談所と密接な連携が保てる範囲内に設置」（児童相談所運営指針第5章第3節1（3））され、虐待、置去り、非行などの理由により子ども（おおむね2歳以上18歳未満）を一時的に保護する施設である。

筆者の勤務していた一時保護所は、不夜城であった。この施設は、眠らない。24時間３６５日営業し、救急病院と同様に子どもを受け入れている。

そのため、一時保護所の児童指導員は、昼夜を問わず子どもの支援や入所の受け入れを行ない、日勤業務だけではなく夜勤業務がある。各自治体の一時保護所の勤務形態にもよるが、夜勤は、午後4時半から翌朝10時までの勤務である。勤務は、日勤帯から夜勤帯への業務の引き継ぎだけでなく、子どもたちの様子もしっかりと引き継がれる。

夕食の時間から就寝までの間は、子どもにとって安らぎの時間でもある。「先生、トランプしよう」「将棋をしよう」と誘ってくる子どもたちもいれば、ひたすらミサンガや組み紐を作る子どもたちもいる。「先生、ミサンガができたから見て見て」と話す無邪気な子どもたちの姿も見受けられる。日中に担当の児童福祉司や児童心理司との面接や家族との面会で、これまでのことを振り返っているような内容を話してくる子どももいる。一人ひとり違った複雑な心境の中で過ごす時間でもある。

子どもたちにとっては、そのような時間帯だが、夜勤の児童指導員は、あわせて、別の仕事をしている。電話が鳴ると、子どもたちにはわからないように、すぐさま事務所に戻り電話対応をする。ほぼ毎日、夜勤の時間帯にかかる電話は、緊急対応を必要とするケースである。児童相談所の職員やその上司から「緊急に保護したので、受け入れてほしい」というものである。おおよそ、午後8時、9時、遅くとも午後10時には、保護した子どもが一時保護所に到着する。もはや、この時間になると、給食はなく、レトルトカレーを用意する。遠慮する子ども、お腹を減らして一気に食べてしまう子など、さまざまであった。

もう少し遅くに電話があるのは、警察からかかってくる要保護児童の身柄付き児童の受け入れ依頼である。いわゆる虐待を受けて保護する子どもと、家出や犯罪行為をしたぐ犯少年や触法少年である。仮に、午後10時に入所の依頼の電話がかかったとしても、警察は、子どもに事実確認を行ない、それを調書にして、要保護児童通告書を作成するために時間がかかる。子どもは、深夜1時、2時になって警察官か児童相談所の職員に連れられて到着する。そうすれば、子どもらには、最小限の聴き取りを行ない、その日は、着替えを促し就寝させる。

子どもたちの着てきた衣類をみると、直接子どもに話を聞かなくても生活の状況がわかる。衣服は単に汚れたものだけではない。すさんだ下着に、においの染みついた上着からは、ネグレクトが疑われる。ネグレクトにもいろいろあり、保護者の精神疾患や連れ子のための差別で養育されていない等、ひと口には言えないが、長年、児童福祉司として現場を経験したものであれば、様子をみればすぐさま想像がつく。そんな衣類もきれいに洗濯をして、退所する日に心地よく着て帰れるように保管しておく。

子どもらが不安な思いをしながら眠りについたあとも、夜勤の児童指導員らは、翌日に子どもたちが、学習や日課で使用する教材等を準備し、入所してきた子どもの書類の作成など、ひたすら事務仕事をこなす。また、不眠を訴える子どもの対応も行なう。

また、子どもたちが就寝前に書いた日記には、「明日、家に帰れるねん。お母さんがあやまってくれてん。これまでありがとう」「今日は、さわいでしまってごめんなさい」など、日中を振り返り、言葉に表わせなかったこと、謝れなかったことを書いてくれていることもある。ここに一人ひとりの子どもたちに、気づいたことや励ましのコメントを書き添える。

そのような作業をしていると、あっという間に時間が経ってしまい、午前3時半から2時間程度ある仮眠時間が過ぎてしまうこともある。また、夜間に子どもたちが何人も入所してくる日は、仮眠どころではないこともある。何度も事務所で夜を明かした。そして、午前7時に、寝起きの悪い子どもたちに声をかけて起床させる。これもまた面白い。大人にかまってほしいと、あやまった表現方法でわざと起きずに叱られるのを待っている子どももいる。こちらもわざとつき合って試してみる。

甘え方の苦手な子どもはいるが、いつも見ているよと発信すれば、子どもは変化をみせる。手間のかからない子どもたちは、洗顔を済ませ、行列をつくり食堂へと移動し、一緒に朝ごはんを食べる。また、子どもたちと一緒に新たな一日が始まる。

このように、一時保護をされる子どもたちは、全国に年間どの程度いるのだろうか。これについては厚生労働省が発表している「福祉行政報告例」という調査データがある。表5－1、図5－1に結果をまとめている。

このデータによると、2017年度に全国の児童相談所が、一時保護した子どもの数は、4万1728人である。5年前の2012年度は、3万2045人の子どもを保護している。つまり、5年間に約1万人、保護される子どもが増加しているのだ。一時保護される主訴の5割は児童虐待

表 5-1　一時保護児童数［厚生労働省　2018 より作成］

	虐　待	虐待以外	合　計
2011 年度	13,251	17,023	30,274
2012 年度	14,891	17,154	32,045
2013 年度	15,487	17,810	33,297
2014 年度	16,816	18,358	35,174
2015 年度	17,801	19,149	36,950
2016 年度	20,175	20,212	40,387
2017 年度	21,268	20,460	41,728

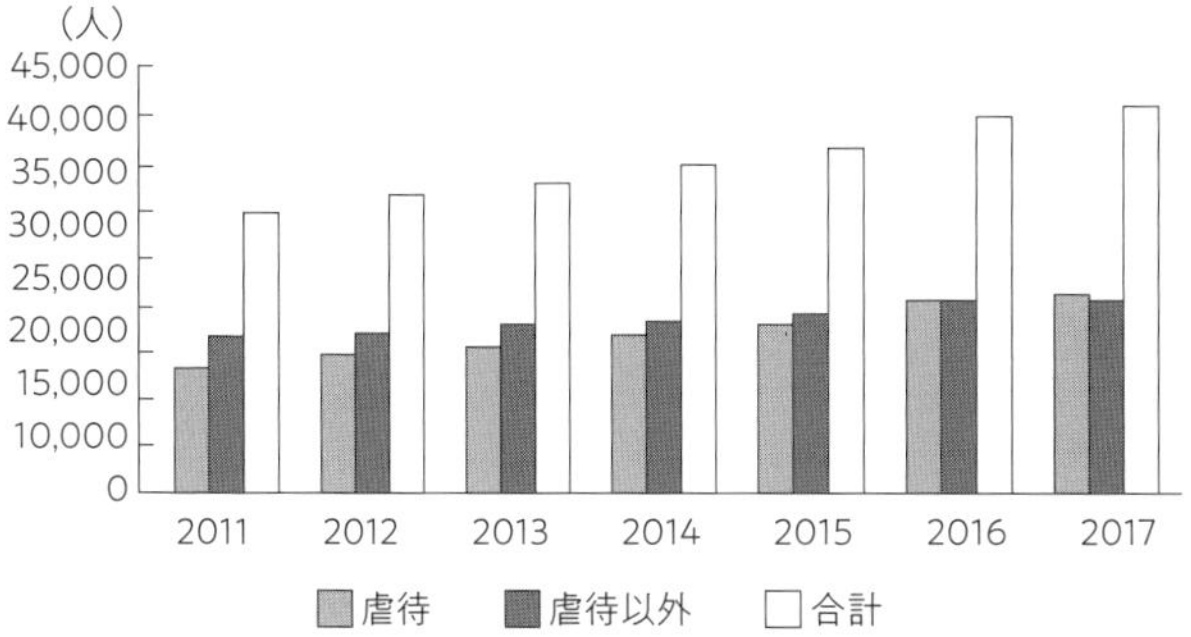

図 5-1　一時保護児童数（一時保護委託を含む）［厚生労働省　2018 より作成］

である。ただし、直観としてはもっと多い気がする。

では、子どもたちは、平均どれぐらいの期間、一時保護所で生活をするのだろうか。児童福祉法第33条第3項には、「一時保護の期間は、当該一時保護を開始した日から二月を超えてはならない」と明記されている。ただし、次の第4項で「必要があると認めるときは、引き続き…（中略）…一時保護を行うことができる」と規定されている。以前ならば、保護者の同意が得られない2か月を超える一時保

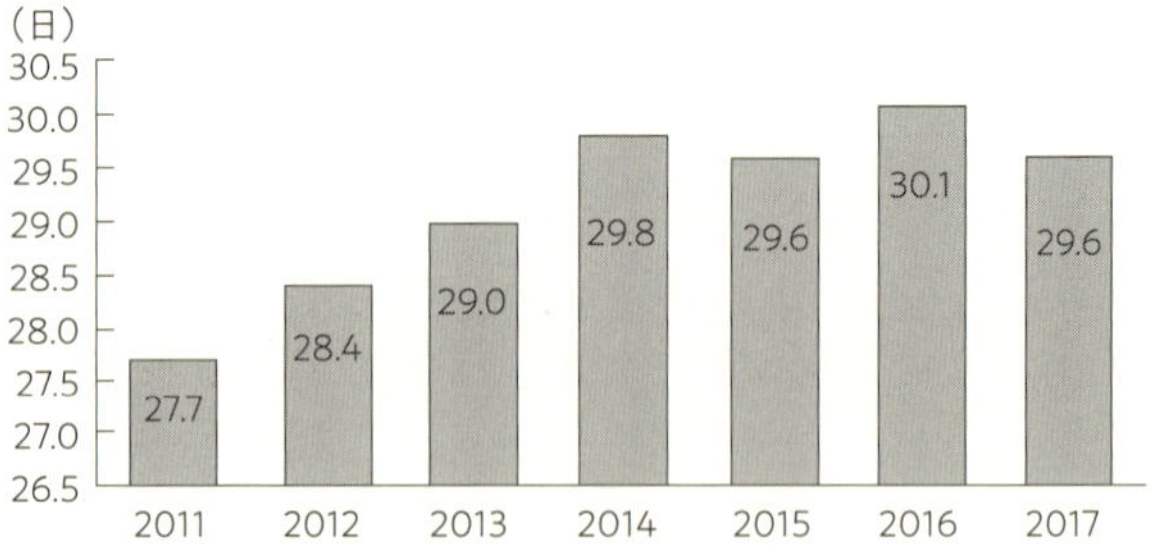

図 5-2　一時保護平均在所日数［厚生労働省　2019　380 頁より作成］

護は、**児童措置審査会**【↓用語集】等に諮問し意見を求めるだけで足りたが、近年ではより客観性が求められ、さらに、児童虐待への対応強化として司法関与が加えられたことにより、2か月を超える一時保護は、家庭裁判所に審判を求めるようになった。そのため、一時保護所には2か月を超えて入所している子どももいる。

国は、一時保護所に入所する子どもの入所期間について、その一時保護平均保護日数を公表している（図５-１）。その結果によると、一時保護される子どもたちは、２０１７年度のデータ［厚生労働省　２０１９］では、一人あたり29・6日一時保護所で生活をしている。ただし、混雑している一時保護所の平均保護日数は、あてにならない。なぜなら、定員が満床であることを理由に、子どもたちを別の一時保護所や施設等に移動させなければならないことがあるからだ。たとえば、児童養護施設に委託一時保護すれば、保護日数はリセットされるというからくりだ。また、大阪府の一時保護所は、他の自治体に比べ平均在所期間が22・4日と比較的短期間で処遇を決定している。

前年度（2016年）は、26・0日であったので、比較すれば3・6日短縮している。前向きに考えれば、一時保護ガイドラインに沿って保護期間を短くできるように取り組みを始めたのだと思いたいが、残念ながら、そのような取り組みをしているとは考えられない。これは満床であるために、子どもを別の施設等に移動させて日数をリセットしている数字である。日本一行列のできる児童相談所が、全国平均を下回るような短期間で処遇を決められているわけでは決してない。

そうは言うものの、多くの児童相談所では、保護した子どもは、平均して約1か月の間、一時保護所等で暮らす。子どもたちは、いつ家に帰れるのか帰れないのか、施設や里親宅に行くのか行かないのか、見通しがつかない不安を抱えながら、この期間を過ごしている。

現在、大半の一時保護所では、一人での外出は認めていない。仮に、学籍のある学校に一時保護所から通学させようとすれば、どこかで反対が起こる。そのため、子どもたちが、その閉鎖的な空間の中で、限られた学習時間や遊びの時間を過ごせるように、配慮した日課や活動を組み入れている。

1か月間、閉鎖的な空間といわれる一時保護所で生活することは、学校に通学できないという大きな課題がある。いわゆる、学習権の保障が担保されていない。その代わりに、個別の学習教材を使用し対応をしている。学習で躓いている子どもたちもたくさんいる。そのため、学習時間は、学習指導員と児童指導員の前に行列ができている。

一時保護所の学習環境は決して良いものではない。学年を問わず小学生グループと中学生以上のグループに教室を分けて、一緒に学習する。ただ、現場を経験するものからすれば、一時保護所での個別指導によって、学力をもちなおして退所する子どももたくさんみてきた。学習効果は、決して低くないと考える。また、中南［2018］の著書を読めば共感するところがたくさんある。ただ、一時保護所での効果を測定することは難しい。阿部［2014］や和田［2013］等の調査研究はあるものの、他に、ほとんど調査研究がなされていない。調査ができない理由は、調査に関して保護者の同意がとりにくいためである。保護者は、一時保護を依頼していない。勝手に子どもを連れて行かれて憤慨している。そうなれば、保護者の同意はとりづらく、調査研究のための倫理規定を通過させることが難しい。ここに、全国の児童相談所一時保護所の実態が明らかにされない理由がある。一時保護所は、他の自治体の状況がみえづらく、地域差が著しい施設になっている。一時保護所の学習指導が、学習指導員や児童指導員の力量に任せられており、どの施設においても一律・一定の効果があるとも、ないとも言い切れない。ここは、一時保護ガイドラインが指摘するとおりである。

2 混雑する一時保護所のランキング

全国の児童相談所一時保護所は、児童虐待による子どもの保護の増加にともない、混雑し渋滞が起こっている。筆者が児童相談所の児童福祉司として勤務していた頃は、一時保護所に子どもの入所を依頼する際、現在入所している子どものソーシャルワークの進行状態を確認し把握したうえで、依頼の電話をかけたものである。子どもを受け入れる一時保護所は、入所が長期化している子どもの処遇方針を必ず聞いてくる。答えられなければ、新規入所児童の交渉は成立しない。もちろん、行列のない一時保護所ではこんなことはないだろう。

虐待のために保護したいので緊急入所させてほしいと依頼の電話をかけると、緊急度によって調整してもらえることもあったが、渋い回答も多い。そのため、アセスメントの終わった子どもから複数人ピックアップして、他の施設や里親に移動させるなどパズルのように組み合わせて子どもたちを移動させていた。

毎日、大阪府の一時保護所では、6つの児童相談所から入所依頼があるため一時保護を待つ長い行列ができている。児童の入所の予約をする依頼リストには、常に40人から50人の子どもの名前が連ねられていた。しかし、このリストは、まったくと言っていいほど機能していなかった。

それでも平均入所率84・9%なので、たまに入所の空きがでたと一時保護所から連絡がくる。しかし、すでに、入所の依頼をして何か月も経ってからの話である。もはや、一時保護のタイミングを逸している。一時保護所の込み具合は、どこの自治体も一緒なのだろうか。

これも、厚生労働省が毎年発表しているデータに、一時保護所の年間平均入所率というものがある。都道府県、自治体によって高い地域もあれば低い地域もある。表5-2と表5-3は、2017（平成29）年度の都道府県別一時保護平均入所率の上位10位と下位10位である。

この2つの表から、何が見えてくるだろうか。

入所率の高い自治体は、東京都を中心とした首都圏、ならびに愛知県、大阪府、福岡市に偏在し

表5-2　一時保護所平均入所率上位10位（2017年度）［厚生労働省子ども家庭局 2019 47頁より作成］

	自治体名	定員数	平均入所率（%）
1	東京都	213	109.1
2	名古屋市	50	107.8
3	群馬県	36	106.8
4	千葉県	115	105.7
5	福岡市	40	99.2
6	大阪市	100	93.7
7	相模原市	25	91.9
8	埼玉県	120	91.0
9	堺市	20	90.9
10	大阪府	86	84.9

表5-3　一時保護所平均入所率下位10位（2017年度）［厚生労働省子ども家庭局 2019 47頁より作成］

	自治体名	定員数	平均入所率（%）
1	愛媛県	36	10.9
2	岩手県	40	19.7
3	鳥取県	26	20.4
4	宮崎県	60	22.1
5	岐阜県	36	23.0
6	島根県	57	25.5
7	石川県	28	25.5
8	京都府	44	25.8
9	鹿児島県	31	28.0
10	秋田県	23	29.8

ている。いずれも人口の多い都市である。入所率の低い自治体は、京都府を除けば地方都市とよばれる地域である。実は、京都府のこのデータからは都市部である京都市が除かれている。そうなると、八幡市や向日市など大阪府に隣接している自治体を除けば、丹後地域などの郡部の自治体のみとなる。京都府の一時保護所はこれら郡部の自治体を管轄しているため入所率が低いのだろう（京都市にかぎれば、30名定員で入所率79・8％であり、平均入所率の上位の自治体に入る）。

上位4位までの自治体の平均入所率は100％を超えているが、では、平均入所率100％は、何を意味しているのだろうか。どのような影響があるのか考えてもらいたい。筆者の勤務していた一時保護所では、2017年度の平均入所率が84・9％であったと公表されている。84・9％という数字をみれば、入所定員に満たないので余裕があると思われるかもしれないが、そうではない。このあたりが、ホテルの稼働率とは少し違う。

つまり、男の子と女の子・幼児と小・中・高校生といった入所区別もあるため、子どもに偏りが生じるのだ。平均入所率は84・9％であるが実態としては、区別に関係なく入所定員を超えても受け入れをしていた。夜間は、平均して2日に1回は必ず緊急保護を受け入れていた。基本的な姿勢として、一時保護所は、緊急保護であれば、定員にかかわらず受け入れる。ただし、早ければ、翌日、長くても2～3日で、次の行き先を調整しなければならない。

この問題には考えなければならない要素が2つある。

一つは、子どもに対して十分な対応ができないことである。一時的に面接室や静養室を子どもの居室に変えて対応したり（実際は、常態化していた）、本来の定員以上に子どもたちを部屋に押し込むことになるので、子どもたちのケアがおろそかになる。100％を超える自治体では、さまざまな工夫を凝らしていると思う。ただし、実態はきびしい。虐待によって保護される子どもたちが、初めて経験する社会的養護の施設である一時保護所が、窮屈でつらいと感じるようなことはあってはならないと考える。

もう一つは、定員超過しているため、定員内に収めようとするはたらきが発生することである。一時保護所の機能としては、子どもの行動観察やアセスメントを行ない、今後のケアや方針決定のために活かすということがある。そのことが十分に行なわれなければ、どうなるだろうか。

虐待死した5歳の女児の暮らしていた東京都、小学4年生の女児の暮らしていた千葉県の児童相談所一時保護所は、ともに平均入所率の上位（1位と4位）に入っていた。気になるのは、小学4年生の女児の場合、年末に一時保護が解除されていたことだ。入所調整を疑いたくはないが、筆者が一時保護所の管理職ならば、例年の年末年始の緊急一時保護数を想定して、調整を促していたかもしれない。

千葉県はこの野田市の小学4年生の女児の虐待死事案の改善策として、一時保護所の拡充を図るとした。虐待死事案が起こってからではなく、入所率が高い自治体は、新たな一時保護施設や一時保護専用施設、里親委託の拡大などすみやかに対策を講じるべきである。子どもたちを安全に保護する施設の受け皿がない状態では、児童相談所のソーシャルワークを行なうことは極めて困難であり危険である。このことは、筆者自身も体験してきた。

筆者が初めて勤務した児童相談所では、開設当初、一時保護所は設置されず都道府県の一時保護所を借りていた。虐待が認められても受け入れ先が確保できないとなれば、保護者と約束を交わして家に帰すしかないこともある。躊躇なく一時保護や原則一時保護といわれれば、保護を戸惑うことはなくなるかもしれない。が、そもそも受け入れ先が足りないのだ。平均入所率の高い自治体は、受け入れ先の整備が急務であるし、入所率の低い自治体でも個室化の改修に努めなければならない（要するに、定員を減らさなければならないことも想定されるため、今後、込み合うかもしれない）。一方で、少し前進したこともある。事件後とはいえ、入所率の高い千葉県の管内の中核市である船橋市と柏市が、児童相談所の設置を決めたのだ。まだ少し先にはなるが、千葉県の児童相談所や一時保護所には余裕ができるだろう。

課題はあるとはいえ、2004（平成16）年の児童福祉法改正によって、中核市は児童相談所を設置することができる規定を設けた。これまでに、58市ある中核市の中で児童相談所を設置している自治体は、金沢市、横須賀市、明石市の3市のみである。後続の自治体は極めて少ない。中核市の児童相談所の設置が進めば、少し都道府県の一時保護所に余裕ができる。中核市等の児童相談所については、第7章において詳しく説明するが、中核市のみならず基礎自治体は、わがまちの子どもは、わがまちが護るとの姿勢を示してほしい。

平均入所率が、84・9%の大阪府の一時保護所について、もう少し具体的な数字をみてみたい。大阪府は、一時保護所を2か所設置している。2017（平成29）年度の1年間に、2か所の一時保護所に保護された子どもの数は、合計1190人である。一つの一時保護所で年間600人弱の子どもたちが保護されている。筆者が勤務していた保護所の定員は、36名である。定員が36名の入所率が84・9%というならば、おおよそ、1日に平均30人の子どもたちが入所していることになる。個々の子どもの入所期間に差はあるが、1日に平均1・6人程度が保護所入所し、3日に平均2人程度が退所している。

次に、大阪府下の18歳人口を一時保護される人数で割ると、全体に占める一時保護児童の割合がでてくる。所内で一時保護できなかった子どもは、乳児院、障害児施設、児童養護施設等に委託一時保護される。その数は、965人であり所内一時保護数1190人と合わせれば、合計2155人の子どもが何らかの理由で保護されている。大阪府の18歳未満の人口は約83万8000人であり、割ってみると、389人に一人は一時保護されている計算になる。

この数字も講義で学生に話をしていた。特に、0歳から5歳までが498人、6歳から11歳までが629人と高く、この2つの年齢域で全体の約52%を占めている。ここから、保育園・小学校の子どもの保護が多いことがわかる。もちろん地域性にもよるが、平均すれば各学校・各保育所に1

人の子どもが、一時保護されていることになる。「あなたの住む市に小中学校、保育所等は何か所あるだろうか。その数だけ保護される子どもがいる。つまり、地域に一人は保護を必要とする子どもがいると思ってほしい」。実感してもらえるように講義ではこのように説明していた。

少し話が変わるが、川並と井上［２０１６］は、中核市・特別区の自治体が新たに一時保護所を設置する場合、その入所定員について、高い公共性と非予測性があるため余裕をもたなければならないと述べている。そうなれば、平均入所率１００％を超える一時保護所は、緊急性に対応する体制に欠陥が生じていると言わざるを得ない。一方で、公共性の高い入所施設の一つとして、比較できるのが、少年鑑別所ではないだろうか。

図５‐３は少年鑑別所の入所者数の推移である

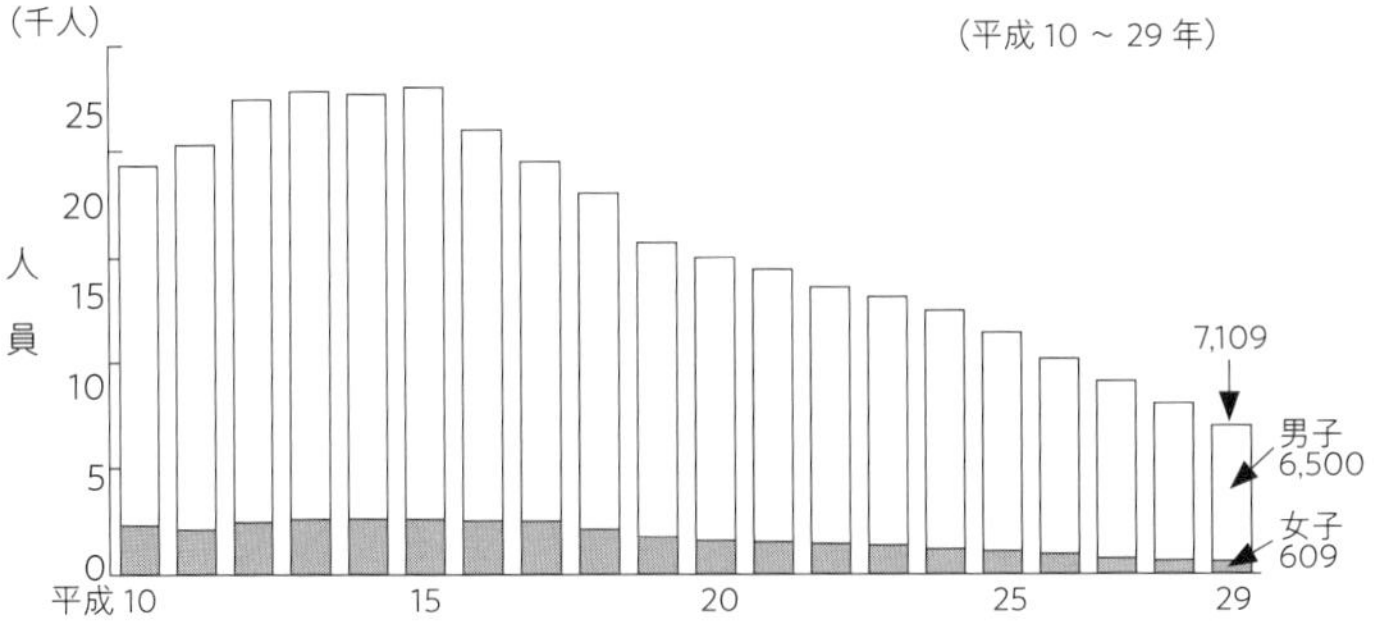

図 5-3　少年鑑別所入所者の人員の推移［法務省　2018 より作成］

注　1　矯正統計年報による。

2 「入所者」は，観護措置（少年鑑別所送致），交流に代わる観護措置またはその他の事由（勾留，引致，少年院在院者の鑑別のための収容等）により入所した者をいい，逃走者の連れ戻し，施設間の移送または仮収容により入所した者は含まない。

1998（平成10）年から2003（平成15）年までの少年鑑別所の入所率は、若干の上昇を続け横ばい。2004（平成16）年以降の入所率は、減少の一途をたどっている。これは、少子化の影響と少年非行の減少に準じているものと考えられている。

2003年に少年鑑別所に入所した少年は、約2万2千人、2017（平成29）年に入所した少年は、約7100人と報告がある。ピークであった2003年と比較すれば、3分の1程度まで減少している。

ここまで、余裕が必要かといえば、何とも言えないが、少年鑑別所は、まさに、公共性と緊急性の高い施設であり、余裕をもたせているのであろう。

一方で、少年非行は減少しているが、とらえ方も変わってきたのではないかと思う事例もある。第3章6節でも述べたが、17歳の少年が無免許運転で交通事故を起こして、要保護児童通告の身柄付きで緊急一時保護された事例などである。確かに、保護者が迎えに来れない事情があれば、児童福祉法第25条により、保護の対象となる。しかし、無免許という犯罪のうえ、自ら交通事故を起こしているのであれば、家庭裁判所への送致によって、少年鑑別所という選択肢もあるのではないだろうか。なんでもかんでも、児童相談所に要保護児童の対象として通告すれば、行列ができてしまうのは当然である。その結果として、緊急対応しなければならない虐待ケースや、子ども支援の対応がおろそかになることは、危惧されるべきである。

3 混雑する子どもの入所施設

児童相談所が子どもを一時保護する場所は、所内の一時保護所だけなのだろうか。ニュースでは「子どもは、安全なところで一時保護された」ということをよく耳にするが、その安全な場所とは、主に、児童相談所一時保護所である。しかし、児童相談所一時保護所は、定員を超える受け入れをしている自治体があることを前節で説明をした。では、その他一時保護できる場所は、どのようになっているのだろうか。具体的にみてみよう。

午後7時頃、虐待通告電話に「母親と連絡をとるが子どもを迎えに来ない」と、保育園の先生からかかってきた。市の要保護児童対策地域協議会で情報共有している家庭である。保育園の先生に家庭訪問をするように依頼するも、家に母親はいない。午後9時になっても音信不通のため、上司と協議した結果、一時保護すると判断した。すると、保育園の担任の先生から「Aちゃんを私の家にあずかれないのですか」と質問があった。非常にありがたい言葉であったことを思い出す。子どもにとっては、少しでも不安を軽減できる方法だが、その後のソーシャルワークを考える、一時保護所で過ごしてもらうことにした。法律上は、次のようになっている。

児童福祉法第33条第2項

都道府県知事は、必要があると認めるときは、第二十七条第一項又は第二項の措置（第二十八条第四項の規定による勧告を受けて採る指導措置を除く。）を採るに至るまで、児童の安全を迅速に確保し適切な保護を図るため、又は児童の心身の状況、その置かれている環境その他の状況を把握するため、児童相談所長をして、児童の一時保護を行わせ、又は適当な者に当該一時保護を行うことを委託させることができる。

（傍線は筆者による）

この規定では、「適当な者に当該一時保護を行うことを委託させることができる」とある。つまり、児童相談所長は、一時保護するにあたり保育園の先生が、一時保護委託先として適当と判断すれば、子どもをあずかってもらうことは可能である。また、適当と判断すれば、法人・私人ともに委託することができる。ただし、実際のところ委託先の多くは、児童養護施設、乳児院や里親等に限られている。その中で、最も多く子どもを受け入れているのが、児童養護施設である。

しかし、地域差があるとはいえ、この児童養護施設も入所する子どもたちであふれている。そのため、一時保護の子どものために部屋を確保しておくのではなく、退所する子どもと新たに入所する子どもの一時的な空きを一時保護の子どものために利用することが多い。比較的入所枠に余裕のある地域や施設であれば利用しやすいが、隙間を利用するため、入所調整に一苦労する。

厚生労働省の２０１７（平成29）年社会福祉施設等調査の概要（詳細表）によれば、全国に児童養護施設は、５９０か所ある。定員は3万１４１４人に対して2万５６３６人が入所している。入所率は81・6％である。現場で対応していた経験から定員の8割を超えると、一時保護委託の入所依頼は難しい。施設として入所させる枠はあったとしても、年齢、性別によって受け入れができない場合がある。特に、中高生の年齢層は、どこの施設も定員でいっぱいであった。筆者が勤務していた児童相談所では、一人の子どもを緊急に保護するとなれば、職員が手分けして施設一覧を手元に置き、大阪府管轄の23か所ある児童養護施設と4か所の乳児院に依頼の電話を片っ端からかけまくる。しかし、都市部の施設は極めて入所率が高く運が良くなければ、入所可能の返事はもらえない。23か所すべてに断られれば、再度、無理を承知で施設の担当者に連絡を入れる。施設の入所担当者も児童相談所の切羽詰まった状況を知っているため、何とか入所できるように部屋を工夫してくれるところもあった。あとでわかったことだが、その施設の入所率をみれば、ほぼ１００％であった。男女比や年齢層を関係なく受け入れてくれていたのだ。

しかし、急な受け入れ依頼のために、うまく事が運ばないことも多い。大阪府の管轄の施設が受け入れできなければ、大阪市や堺市に了承を得て管轄の施設に入所依頼の電話をかけて調整業務にあたる。いずれにしても施設の混雑の状況に変わりはないので、受け入れは難しい。そうなると、さらにどんどん遠方の施設に一時保護委託の依頼の電話をかけることになる。年間数件ではあったが、近隣府県でも施設に子どもを受け入れる部屋の空きがない場合は、大阪から鳥取県や石川県まで一時保護委託をすることさえあった。乳幼児を遠方の施設に移送するリスクはあるが、家庭に置いておくリスクと比較すれば、子どもの安全を最優先に考えた判断をとる。

乳児の一時保護委託も同様である。児童相談所一時保護所は、乳児を受け入れていない。夜間、警察からの保護が必要な乳児（要保護児童）の身柄付き通告があれば、すぐさま、乳児院に入所依頼をする。一時保護所と同様に乳児院も夜間の手薄な状態であることはわかっている。しかし、深夜であろうとも乳児の一時保護委託の入所依頼をかける。無理を承知で1日だけあずかってもらうことを条件に受け入れてもらったこともある。

しかし、さすがに毎回、無理は言えない。朝出勤すると、おんぶ紐で乳児を背負った職員を見かけることがある。大阪府が子育て支援に力を入れ、斬新にも、自分の子どもを職場に連れてきて仕事ができる新たなシステムを導入……したわけではない。受け入れ先がなく、乳児と一晩過ごして朝の業務をこなしている職員の姿である。

躊躇なく一時保護は、子どもの安全・安心を確保するためには必要不可欠である。一方で、一時保護所や施設の現状を見ないまま進めれば、事故などを発生させるリスクを高めてしまう。この状況を打開するには、2つの方法が考えられる。一つは、一時保護専用施設の設置、もう一つは、里親委託を拡充もしくは一時保護里親の制度を創設し軌道にのせることである。

一時保護専用施設は、児童養護施設の定員枠を活用して、新たに専用施設をつくる方法と既存の施設を改修する方法がある。一時保護の子どもと長期の子どもの違いから同じ施設のフロアーで養育することは困難とされてきたため、その解消にもよい。

2017（平成29）年8月に、国が示した「**新しい社会的養育ビジョン**【↓用語集】」では、一時保護専用施設と一時保護里親について、次のように記載している。一時保護所が増設できないのであれば、すみやかに、これらの方法を検討し実施しなければならない。

> 一時保護専用施設の在り方
>
> 一時保護になる子どもの場合は、様々な行動上発達上の問題を持ち合わせている場合も多く、また、これらの特徴がアセスメントされていない状況であるため、施設養育が選択される場合が多くなる。その場合であっても、できる限り良好な家庭的環境であることが原則であり、原籍校に通学できる配慮も必要である。なお、長期入所児童と一時保護児童が混在する施設環境は、双方への影響が大きいため、一時保護専用の施設あるいは居室とすべきである。また、質の高いアセスメントと治療的ケアが行われるよう、子どものニーズに応じた十分な職員配置が求められる。

一時保護里親の創設

一時保護の場は特別な場合を除いて家庭と同様の環境が望ましく、乳幼児は里親等への委託を原則とすべきである。しかしながら、一時保護になる子どもは、その心理的身体的アセスメントがない状況での保護であり、一時保護中の行動観察も担うことを考えると、一時保護里親には養育里親とは異なる専門性が求められ、一時保護里親としての里親類型を創設すること及び、児童相談所やフォスタリング機関[*1]からのバックアップ体制も重要である。また、原籍校への通学が望ましいため、できる限り校区単位に一時保護里親が登録されていることが望ましい。

先進的な取り組みを行なっている福岡市は、現時点では、一時保護所を増設しないと決めている。福岡市の一時保護平均入所率は高く、全国第5位（99・2％）である。それでも増設をせず、一時保護所を小規模化する理由は、虐待を受けた子どもを、より家庭的な環境で育てる施策を進める意向だからである［時事ドットコムニュース　2019年3月20日］。福岡市は、里親への委託推進に力を入れている自治体の一つであり、里親委託率43・8％（全国第3位）である。

4 一時保護ガイドラインの示すもの

一時保護ガイドラインは、2018（平成30）年に示されたものである。2016（平成28）年の児童福祉法改正の施行と「新しい社会的養育ビジョン」の提示を受けて、子どもの権利擁護の視点、安全で安心した環境のもとで適切な支援が受けられることが重要であるとの趣旨が、このガイドラインにも盛り込まれて書かれている。

これまでは、児童相談所運営指針の中で、一時保護について記載されていたが、一時保護の指針として、単独で書き上げられた意味は大きい。一時保護所ほど地域差の大きい施設はないのである。

ここには、一時保護所の運営等に関することが記載され、概して、「児童養護施設の設置及び運営に関する基準」に準拠する。そのため、各自治体の一時保護所の担当者に体制や支援内容を聞くと、バラツキがあり標準化されていないことがわかる。たとえば、和田［2013］の一時保護所の調査では、職員体制のみならず、子どもたちの学習環境など、さまざまな面において地域間格差が著しいことが報告されている。

一時保護ガイドラインは、一時保護のあり方や一時保護所の運営等の指針を明示したものである。この一時保護ガイドラインを受けて、各自治体の設置する一時保護所は、標準化に向けた取り組みを実施しなければならない。

その一時保護ガイドラインでは、一時保護所の閉鎖的環境を指摘し、学校に通学できないため入所している子どもたちの学習権の保障が求められている。一時保護所は、虐待親の侵入を防ぎ、非行の児童を落ち着かせるなど、ハード面で閉鎖的構造になっている。そのため、学籍のある地域の学校に通学させることは困難であるとされてきた。本来、子どもたちに権利として与えられた学習権が保障されないことは、見過ごすことはできない。

しかし、本章の1節でも少しふれたが、一時保護所の児童指導員を経験したものからすれば、保護される子どもにとって、一概に一時保護所の学習環境が整っていないとは言いがたい。確かに、一部に進学校に在籍する子どもも保護されてはいるが、大半は、不登校の子ども、地域の学校に馴染めない子ども、学習環境が整っていない子どもなどであり、個別の学習指導をすれば伸びる子どもたちである。阿部［2014］の児童相談所一時保護所入所児童に対する調査によれば、個別指導を実施している一時保護所の学習に対する子どもたちの満足度は、高いとの結果がでている。

一時保護ガイドラインの視点からは外れるかもしれないが、比較的入所枠に余裕のある一時保護所や新たに設置する中核市の児童相談所一時保護所には、教育分野に力を入れてほしい。臨床経験上、教育に力を注ぐ理由は、3つある。

①勉強に躓いていた子どもは、習熟度に応じた個別の学習指導をすれば、できる楽しさを体得

することがある。つまり、自己肯定感や達成感を高めることができる。

②個別の学習指導をすることによって躓きを乗り越え、一時保護解除にあたりスムーズな移行を実現することができる。

③市役所が設置する児童相談所の特性として、市福祉部局と市教育委員会との連携強化ができる。

地域の学校に通学させることも大切だが、一時保護所の学習環境を改善するためには、圓入［2005］が指摘するように、一時保護所内に分校や分教室を設置することが有用であろう。決して、一時保護所は、緊急保護に特化した通過施設になってはならない。一時保護所には、ガイドラインの趣旨を踏まえつつも、これまでの3つの機能（①緊急保護、②行動観察、③短期入所指導）をバランスよくもたせ、それにより子ども支援が強化されることが期待される。

5　一時保護所の子どもたちの行列

一時保護所の保育補助のアルバイトを紹介した学生が、研究室を訪ねてきて、「一時保護所の幼児さんを泣かせてしまった」と報告してきた。筆者もよく子どもを泣かせてしまっていたが、自分のことはさておき「子どもをいじめたらあかんで、何をしたんや」と責めてしまった。よくよく聞くと、勤務が終わって帰り際に、その学生は、すんなりと帰ることができずその子どもに帰る姿を見られたようであった。家に帰れない子どもらに配慮してきたが、その日は気づかれたようである。子どもたちは「先生」とよばれる保育士を取り合うこともある。保育室には、数人の子どもしかいないのだが、それでも保育士に安心感を求めて子どもたちは行列をつくる。

一時保護所の役割は、何かと思う。一時保護ガイドラインでは、アセスメントと緊急保護の機能であると明確に示されている。このことは、一時保護所の専門性が認められたといえる。しかし、一時保護所の役割はそれだけではない。大半の子どもたちにとっては、虐待を受けて入所し、初めて経験する社会的養護の施設である。日常生活に不安を抱えてきた子どもたちである。だからこそ、アセスメントと緊急保護の機能を有しながらも子どもが安心できる場を提供しなければならない。

一方で、その一時保護所には、警察官や児童相談所の職員によって、法律を犯した子どもや法律に触れる行為をした子どもも連れられてくる。一時保護所に入所してくる子どもの大半の主訴が、虐待と非行である。いわゆる、一時保護所は、混合処遇の問題を抱えている。そうとはいえ、一時保護所に身柄付き通告される非行児童も、また、背景にネグレクトや虐待が潜む。その子どもの非行の内容をみれば、すぐに背景が読み取れる。万引きと性犯罪とでは大きく違うし、万引きした商品や万引きした時間をみればよくわかる。この子どもたちには、まず、自分が犯した罪に対して、内省する機会が必要であろう。

非行の子どもたちは、表面的には反省をしておいて、早く家に帰りたいと思っているもの、家には居場所がなく仕方なく保護所に居たいと思っているもの、家庭裁判所へのぐ犯送致のために待っているもの、表現が苦手で職員に反抗的な態度を示すものなど、さまざまである。今まさに、虐待を受けて保護されてきた児童とは少し違う。しかし、実は、この子どもたちも人寂しさを感じて大人に連れられてくる。しばらく一時保護所で生活をすれば、まもなくこのことがみえてくる。

非行の子どもたちも、本当はもっと早い段階で支援が必要な子どもたちだったのだと、一時保護所で寝食をともにすると体感する。なぜこの子どもが、万引き行為にいたったのか、科学的に分析する必要はないが、背景をみる必要はある。そして、彼らの育った背景には、保護者だけでなく、社会全体にまん延する責任放棄があり、人任せがある。厄介と思われた子どもたちは、そうした大人の犠牲になっている。

非行の子どもたちも、虐待を受けて育った子どもたちも施設の中では、よりどころを求めて行列をつくっている。そのことは、児童指導員として対応をしていればよくわかる。非行を理由として、一時保護所に入所してきた子どもたちの中には、「何で、俺がこんなところにおらんとあかんねん」と言うものもいるが、ある程度の期間子どもたちとつき合えば、彼らはだいたい変化をみせてくれる。周囲に自分のことをわかってくれる大人や信頼できる大人がいない。その子どもたちには、自分がやってしまった過ちに気づきを与えるプログラムを実施し、寝食をともにする。そうすれば、やがて変化があらわれる。もちろん、気づかずに退所する子どももいる。そのような子どもたちは、再び一時保護所にやってくる。

家に帰って、ささいなことで母親と喧嘩をして、自ら助けを求めて一時保護所に戻ってくる子どももいた。高年齢児であれば、しばらく保護者と音信が途絶えることもある。「子どもが悪いことして勝手に出て行ったんだから、児童相談所が何とかしたらええやんか。施設で甘やかしたから子どもはこんな行動をとったんでしょう。私ら手に負えませんわ。でも、施設入所や里親宅で生活なんて認めませんから！」。このようなパターンのケースも深刻である。法的対応ができるだけの虐待の根拠がない場合、保護者の同意がなければ、施設入所などの措置はとりにくい。一時保護を繰り返している保護者ならば、児童相談所の対応をよくわかっている。

しかし、親は、何も意固地になりたくて、そのような態度をとっているのではない。子育てを一人で抱え込み、他人から虐待と非難されて、何もわかってもらえない苦しみを親は親で抱えている。このズレを修復するためには時間がかかる。

一方で、お得意様の子どもは、「また来たけどね」と、恥ずかしそうに一時保護所の玄関で挨拶をしてくれるが、保護者が変わらなければ、同じことを繰り返すことになる。子どもが変わるならば、大人も変わらなければならない。変化を子どもだけに押しつけても問題は解決しない。一時保護所に入所している子どもたちが、いろいろな意味で行列をつくらなくてもよい体制づくりが必要なのだ。

6 一時保護所の子どもたち

一時保護所の低学年の子ども間のトラブルで多かったのが、順番争いだった。もちろん一番になりたいと思う子どもがいないと、それにつられる子どももいないので争いは起こらない。自分が一番だと思う子どもの背景には何があるのだろうか。学習室から食堂までのわずか1分あまりを列をつくって一緒に移動する。食堂では席は決められているし、一番先になったとしても、その先に何か目当てがあるわけではない。しかし、低学年の子どもたちは、競って列の先頭に立とうとする。

おそらく、この行動には注目されたいとの思いがある。そして、つらい家庭や、地域の学校で感じていた劣等感から解放された子どもたちが行なう、自分を精いっぱい出したささやかな表現でもある。

この子どもたちも、いずれ、一時保護所で達成感や安心感が得られるようになれば、そのような行動もなくなる。大人からみれば、たわいもない行動であるが、一時保護所にくる子どもたちにとっては、意味のある行動である。つらい思いをして一時保護所にたどり着いた子どもたちの行動には、一つひとつに意味がある。

母親や兄弟に暴力をふるってしまった家庭内暴力の子どもたちが、入所してくることもよくある。この場合も、その子どもが、暴力にいたったプロセスをみる必要がある。

支援者や外部の有識者が集まるある会議の中で、家庭内暴力の子どもを家に置いておくと危険だから施設に入れなければならないと語る専門家がいた。確かに、精神疾患を抱えてなりふり構わず自傷他害を繰り返すのであれば、分離して精神科への医療保護入院か措置入院が必要だろう。

しかし、家庭内暴力は、暴力にいたる要因が何なのかを探り、社会学的、心理学的、医学的な見地からの見立てを行ない、一時保護所での行動観察を踏まえて援助方針を決めるべきである。安易に、施設入所させて家庭から引き離すだけでは解決しない。もちろん、アセスメントした結果として、施設入所が必要ならば保護者同意と本人の納得を得て入所すればよい。必要でないと判断したならば、しっかりと在宅での子ども支援の体制を組まなくてはならない。

一時保護所に入所してくる家庭内暴力の子どもの行動をみていると、基本的におとなしい。ことわっておくが、筆者は決して、子どもに対して威圧的に対応していたわけではない。彼らは、内向きで言葉での表現が苦手なことが多いのだ。一つの事例から彼らの可能性を考えてみよう。

年齢層がバラバラの小集団生活は、時にはまとまりがない。わがままを言うもの、遠慮するもの、その集団の強い意見に左右されるものもいる。そして、小学校低学年の子どもたちは、たわいもない理由でよく喧嘩をする。ある日、その様子をみていた中学生（家庭では親に暴力をふるっていた）が、これは何とかしなければと思い、小学校低学年の子どもらが始めた喧嘩の仲裁に入ったことがあった。

それ以降、自信をもったのか、彼はリーダーシップをとりつつ、子ども集団と大人とも程よい関係と距離感を保ちながら生活をしていた。その子どもにとっては、窮屈な思いもしていたはずなので、全面的に一時保護所での集団生活が、何かよい効果をもたらしたと主張するわけではないが、集団生活が何かの刺激になったことは間違いないだろう。

このようなことが短期間であらわれることはない。筆者の勤務していた一時保護所では、入所から2週間以内にアセスメントして行動観察の結果をだしていた。一時保護ガイドラインには、一時保護所は、緊急保護・アセスメントを目的とした施設であり、一時保護の期間は必要最小限度とすると明記されている。早期に処遇方針をたて、子どものアセスメントが終われば、すみやかに家庭に帰すのか、施設や里親等と生活するのかを決めなければならない。

確かに、一時保護所は外出もできない閉鎖的な空間である。子どもたちに窮屈な思いをさせている。本当に、緊急保護とアセスメントの機能だけでよいのだろうかとも思う。だが、入所率の高い自治体の一時保護所では、次から次へと緊急入所があり、悠長なことは言っていられない。行列のできる一時保護所側からすれば、少しでも早く子どもの処遇を決めて、退所できるようにしなければならないと思っている。

一時保護の期間は、児童福祉法第33条第3項に、「当該一時保護を開始した日から二月を超えてはならない」と規定されている。しかし、何か月もの間、一時保護所に暮らす子どももいる。これは、児童福祉法第33条第5項に適応する場合である。

児童福祉法第33条第5項

前項の規定により引き続き一時保護を行うことが当該児童の親権を行う者又は未成年後見人の意に反する場合においては、児童相談所長又は都道府県知事が引き続き一時保護を行おうとするとき、及び引き続き一時保護を行つた後二月を超えて引き続き一時保護を行おうとするときごとに、児童相談所長又は都道府県知事は、家庭裁判所の承認を得なければならない。ただし、当該児童に係る第二十八条第一項第一号若しくは第二号ただし書の承認の申立て又は当該児童の親権者に係る第三十三条の七の規定による親権喪失若しくは親権停止の審判の請求若しくは当該児童の未成年後見人に係る第三十三条の九の規定による未成年後見人の解任の請求がされている場合は、この限りでない。

（傍線は筆者による）

長期に入所する子どもの多くは、保護者からの虐待によって家に帰すことができないため、児童福祉司は保護者に施設入所の必要性を説明し、同意を得ようとする。しかし、同意が得られない場合は、一時保護の期間が長期化する。児童福祉法第33条第5項に記載があるように、一時保護期間を延長する場合には、家庭裁判所の承認を得なければならない。

実は、半年程度入所する子どもは、年間、数人ほどいる。家に帰るぐらいならば、一時保護所の生活のほうがよいと思う子どももいれば、早く家に帰りたいと思う子どももいる。長期入所していた一時保護中のある子どものことを思い出す。その子どもは、母親の連れ子であり異父弟のいるステップファミリーで育てられていたが、著しい兄弟間差別があって入所してきた。家庭では弟の面倒をみていた。いや面倒をみさせられていた彼が、弟はどうしているか心配していると話してくれたことがある。幼い弟に罪はないし、この子にも罪はない。大人の勝手な行動がもたらした結果である。

最後に、子どもたちがどれだけの期間一時保護所で生活している

表 5-4　一時保護平均在所日数ランキング［厚生労働省子ども家庭局 2019　51頁より作成］

	自治体名（長期）	平均在所日数		自治体名（短期）	平均在所日数
1	宮城県	58.3	1	鳥取県	6.6
2	相模原市	54.8	2	愛媛県	8.1
3	山形県	54.4	3	岡山県	9.6
4	山梨県	47.1	4	金沢市	10.9
5	川崎市	44.0	5	岡山市	13.1

のか、都道府県および児童相談所設置自治体別の平均在所日数のランキングを表5-4に示してみよう。

児童福祉司として経験上、一時保護が長期化する主な理由は、次の2つである。

①法的対応をするようなケースで入所同意が得られない。
②社会的養護の施設や里親等の資源が乏しいため措置ができない。

平均在所日数が10日程度の自治体もあれば、50日を超える自治体もあり、5倍の差がある。平均在所日数も自治体間で差が大きい。長期化している自治体は、この2つの理由にあわせて都市部にある自治体ではないだろうか。

一時保護所の入所期間が長期化している自治体の子ども支援がよくないとはいえないし、短いから素晴らしいともいえない。もちろん、積極的に里親等に一時保護委託しているのであればよいが、保護者から「子どもを返せ」と言われて、威圧的な態度に屈して一時保護解除をしているのであれば、大変なことである。また、自治体の都合によって一時保護の場所が転々とすることもよくない。一時保護所の環境がよかったのか、よくなかったのか、子どもの視点で調査し、子どもの声を反映させた支援内容に改善していくことが大切である。

7 児童虐待通告のあと

児童虐待通告のあと、児童福祉司は面接指導や一時保護をとおして保護者とやりとりしてソーシャルワークを展開する。

2017年度の児童虐待相談対応件数は、全国で13万3778件である。児童虐待相談対応件数と児童虐待対応処理件数には、微妙な数の差がある。これは、前年度の処理件数が含まれるからである。2017年度に児童虐待相談を受理した通告後の対応状況を図5-4に示した。

警察、学校、近隣から虐待通告があった場合、児童相談所は、その保護者や子どもに対して、どのような対応をとっているのか、この円グラフをみればよくわかる。

虐待通告があれば、全員が施設入所すると思われただろうか。そのようなことはない。児童相談所が虐待通告を受けたあとの対応状況は、在宅で助言指

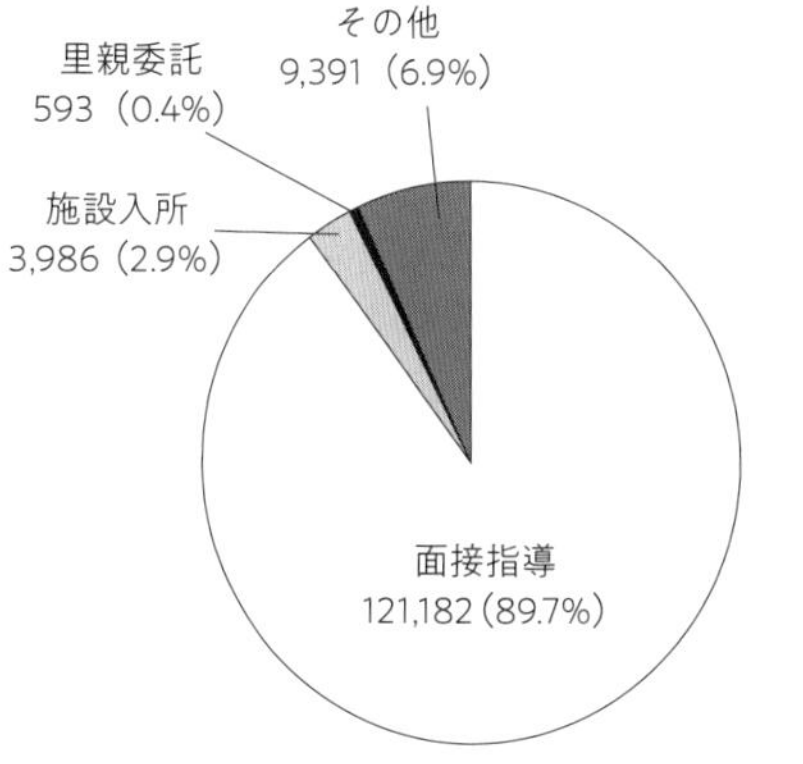

図5-4　児童虐待対応状況［厚生労働省　2018　第7表より作成］

導や継続指導という面接による指導を実施している。もちろん、虐待通告によって一時保護、面接によって一時保護する場合もある。本章で解説した一時保護は、あくまで、一時的に家庭から離れて生活をするもので永続的なものではない。

実に、面接指導は、12万1182件、全体の89・7％（約9割）を占め、施設入所や里親委託は、両方を合わせても4579件であり全体の3・4％にすぎない。あたかも、虐待通告をすれば子どもは施設入所すると思われがちだが、実は、大半が在宅指導であることがわかる。つまり、地域の家庭にも支援を必要とする子どもたちがたくさんいるのである。このことを知ってほしい。

同時に、施設入所している子どもたちは、どうしても家庭にいることができない環境の子どもたちであることも理解してほしい。円グラフの数字は、処理件数である。実際には、面接指導が1回で終わることはない。児童相談所は、報道や統計データには出てこない膨大な回数の面接指導をしている。

［註］

＊1　フォスタリング機関：里親養育包括機関のこと。詳しくは第6章3節を参照。

〔文　献〕

阿部隆治（2014）「児童相談所一時保護所児童の学習に関する意識についての考察」『人間科学学会誌』第13巻第1号

川並利治・井上景（2016）「小規模一時保護所の設置と検討課題」和田一郎（編）『児童相談所一時保護所の子どもの支援』明石書店　17頁

厚生労働省（2017）「平28年度福祉行政報告例」https://www.e-stat.go.jp/stat-search/files?page=1&layout=datalist&toukei=00450046&tstat=000001034573&cycle=8&tclass1=000001108815&tclass2=000001108820

厚生労働省（2018）「平成29年度福祉行政報告例」https://www.e-stat.go.jp/stat-search/files?page=1&layout=datalist&toukei=00450046&tstat=000001034573&cycle=8&tclass1=000001121497&tclass2=000001121502

厚生労働省（2019）「令和元年度全国児童福祉主管課長・児童相談所長会議資料」児童相談所関連データ https://www.mhlw.go.jp/content/11900000/000535923.pdf

厚生労働省子ども家庭局（2019）「児童家庭福祉の動向と課題」http://www.crc-japan.net/contents/situation/pdf/201804.pdf

時事ドットコムニュース（2019年3月20日）「一時保護の受け皿整備へ＝法改正で児相の「介入」強化」https://www.jiji.com/jc/article?k=2019031901180&g=pol

圓入智仁（2005）「児童相談所一時保護所における学習権保障の問題」『日本社会教育学会紀要』8頁

中南勲（2018）『荒れる子と向き合う』虐待と愛着障害　晃洋書房

和田一郎（2013）「一時保護所の概要と入所児童の特性」『日本子ども家庭総合研究所紀要』第50集　61－70頁

法務省（2018）「第2章　非行少年の処遇　第3節少年鑑別所　2　入所・退所の状況」『平成30年版犯罪白書』http://hakusyo1.moj.go.jp/jp/65/nfm/n65_2_3_2_3_2.html

Column 5

拉致と一時保護

子どもを一時保護したときに、保護者から「お前が俺の子どもを拉致《らち》したんか」と言われたことがある。その後も何度か同様のことを聞かされた。筆者にとっては、強烈に印象に残った言葉である。保護者からすれば、大切な子どもを勝手に連れて行かれたことへの不満を表現した言葉であろう。

「拉致」と「一時保護」は、明らかに違う。広辞苑で調べると、「拉致」とは、無理やり連れて行くことと記載されている。「一時保護」は、児童福祉法第33条に基づき、保護を要する児童に所定の福祉措置がとられるまでの間、一時的に児童相談所が行なう行政処分である。ここには、適切な手続きを踏み対応をしているか、勝手に連れて行くかの違いがある。

筆者の勤務していた児童相談所の掲示板には、当時、津川雅彦氏の言葉が添えられた政府の拉致問題対策本部の作成したポスターが貼られていた。ある保護者は、そのポスターを見て、「お前らこの写真と一緒や、必ず取り戻すしな」と捨て台詞を言って帰られた。「ほんま、児童相談所にこのポスターを掲示することは、保護者を刺激するのでやめてほしいな」と思った。そうとはいえ、拉致と一時保護は、明らかに違う。児童相談所が行使する一時保護は、拉致ではなく子どもの権利擁護のための正当な手段である。

第6章

里親を希望する人の行列

1 里親委託が増えないわけ

筆者が、駆けだしの児童福祉司の頃、児童相談所の窓口に里親になりたいと相談に来られた方がいた。その方は、虐待を受けた子どもを自分の家庭で養育したいと思い、インターネットで里親について調べて、少しでも役に立てないかと来所された。その方は、「〈里親〉を入力して検索したが、犬の里親は、すぐにヒットしたけれども、子どもの里親は、どこが相談窓口であるのか、すぐにわからなかった」と話された。当時、里親が一般に周知や認知されていなかった事実を象徴するエピソードである。

また、こちらは筆者自身の恥ずかしい経験であるが、当時は、子どもにとっての家庭養育の重要性など認識していなかった時期で、あるケースでは安易に施設入所の方向で進めていた。相談の主訴は、ネグレクトで、子どもの養育が難しい母親を説得して施設入所の同意がとれそうなため、援助方針会議にかけようと上司に相談していた。

上司からは、なぜ、このケースが施設入所のほうがよいと考えたのか、理由を説明しなさいと言われた。わけのわからない説明をしたことを思い出す。上司からは、「この子どもにとって、施設がいいわけがないやろ、考え直せ」とスーパーバイズがあって、再考させられた。正直なところ、施設入所のほうが、保護者を説得しやすいし、手間もかからないとの思考を見抜かれていた。

　何もかも、里親委託がよいわけではないし、何もかも、施設入所がよいわけでもない。その子どもにとって最善の利益となる方法を考えなさいということで、当然の考えであるが、恥ずかしながら、筆者はそのことを、やっとその時に気づかされた。現在は、原則里親委託として考え、里親委託を推進すべく数値目標が掲げられている。図6-1の里親等委託率の推移をみれば、少しずつであるが上昇している。家庭養育の必要な子どもたちを里親さんが安心して養育できる環境が少しずつ整えられてきている結果かもしれない。社会的養護を必要としている子どもたちは、全国で約4万3000人いる。0歳から18歳までの人口が

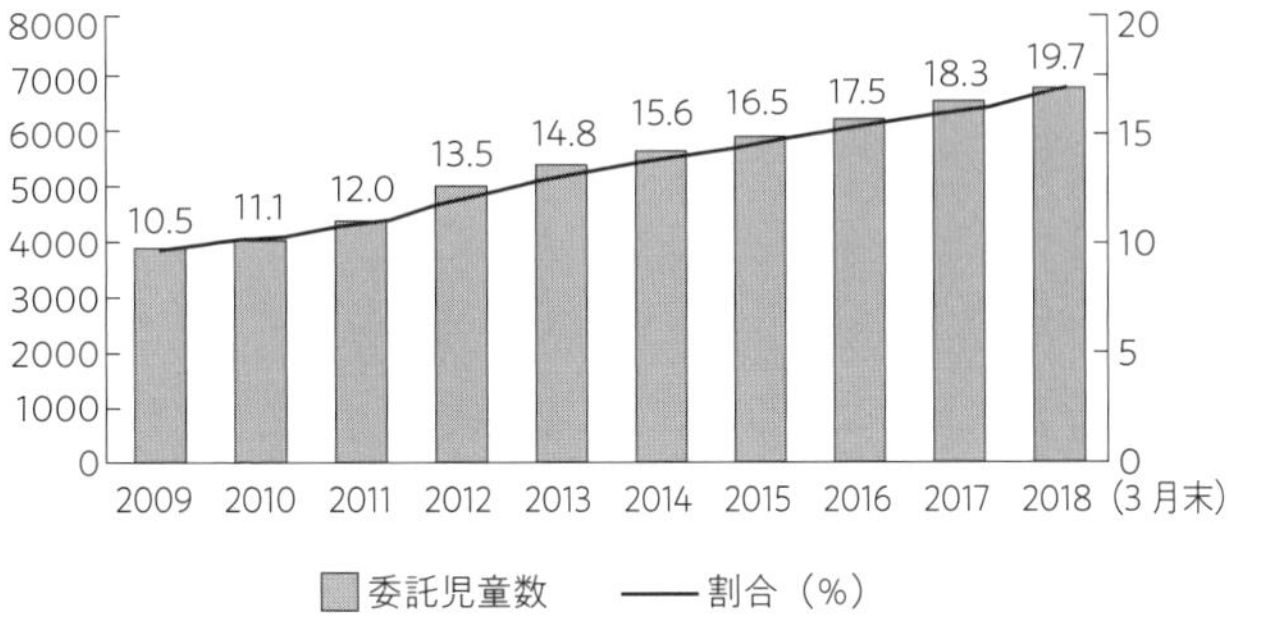

図6-1　里親等委託率と委託児童数の推移［厚生労働省　2019　64頁より作成］

１５３万人といわれているので、４万３０００人で割ると、３６１人に１人は、社会的養護の必要な子どもである。現在は、主に児童養護施設や乳児院が子どもたちの受け皿になっている。

２０１９年４月現在では、このうち、約５２００人の子どもたちが里親に委託され生活をしている。近年は、養育者の住居において家庭養育を行なう定員５名から６名の小規模のファミリーホームに、約１３００人の子どもたちが生活をしている。

表６-２から読み取ることのできる里親に関する数字を考えてみたい。

養育里親の登録数は、９０７３世

表 6-1　施設入所種別　施設数・入所児童数［厚生労働省子ども家庭局　2019より作成］

施設	乳児院	児童養護施設	児童心理治療施設	児童自立支援施設	母子生活支援施設	自立援助ホーム
施設数（か所）	140	605	46	58	227	154
定員（人）	3,900	32,253	1,892	3,637	4,648	1,012
現員（人）	2,706	25,282	1,280	1,309	3,789（児童 5,479）	573

表 6-2　里親種別（里親登録数と委託児童数）［厚生労働省子ども家庭局　2019より作成］

			登録里親数（世帯）	委託里親数（世帯）	委託児童数（人）
里親			11,405	4,038	5,190
	区分	養育里親	9,073	3,180	3,943
		専門里親	689	167	202
		養子縁組里親	3,798	309	301
		親族里親	526	513	744

ファミリーホーム	ホーム数（か所）	313
	委託児童数（人）	1,356

帯であるのに対して、3943人の子どもが3180世帯の養育里親宅で暮らしている。登録里親世帯数に対する委託実施率は約35％である。登録している養育里親の3分の1程度にしか委託されていない。この理由は、何なのだろうか。一つは、養育里親の場合、子どもの年齢、男女別など受け入れ可能な子どもの対象が里親さんの得意分野に限られることがある。また、里親委託が終了したあとすぐに、別の子どもをあずかるのではなく、少しインターバルを必要とされることもある。家庭養育が推進されているのだが、決して委託実施率が高いとはいえない。

紙面に書ききれない理由があるが、劣悪な家庭環境で育った社会的養護の必要な子どもたちにとっては、家庭養育が必要である。委託実施率を高めることも大切だと思うが、むしろ、子どもたちの養育に熱意のある里親登録を拡充していく努力のほうが求められる。

もう一点、養子縁組里親の登録里親数と委託児童数の差が著しいことにも注目したい。養子縁組里親には、3798世帯の家族が登録をしているが、実際に委託されている里親は309世帯（8・1％）にすぎない。養子縁組里親とは、特別養子縁組によって養親となることを希望するものである。民法第817条の2から第817条の11に規定されている。ごく簡単にいえば、戸籍上も自分の子どもとして育てることである。生みの親から育ての親に子どもを委譲することであり、法律上も親権は、養親がもつことになる。

養子縁組里親の委託が進まない一つの理由が、養子縁組里親の場合、乳児を対象にすることが多く、保護者にとっては、自分が産んだ子どもを他人に渡したくないということがある。子どもが施設で成長して、いつか自分で育てられるようになれば、引き取りたいと思っていると面接で聞くことは多い。

熟練の児童福祉司になれば、保護者の心身の状況は、ある程度、見立てることができる。ここで、保護者に納得のいく説明ができなければ、特別養子縁組には続かない。たいていの場合、保護者の心身状況の改善が期待できないならば、保護者は子どもの面会などに行かない。もしくは、行くことができない。そして、子どもは、次の展開に入ってしまう。

施設入所や里親委託している子どもは、やがて思春期を迎え、なぜ自分が施設にいなければならないのか、疑問を抱くようになる。そして、時に施設内で不適応を起こす。いや、起こさざるを得ない心境になる。それまでに、児童相談所や施設の職員と生い立ちの整理としてライフストーリーワークを行なうが、もはや、手遅れの場合もある。手遅れの子どもは、施設で落ち着かず、他児童に怪我をさせることや性問題に発展する。こうなると、保護者は、もはや自分では手に負えないと家庭引き取りを拒否する。

いま、この子どもに特別養子縁組が決まれば、この子どもの人生は大きく変わるだろうと、長年、児童福祉司をしていれば想像がつくケースがある。しかし、親の承諾が得られなければ、子どもは高校卒業まで施設で生活し、卒業と同時に就職する。その後も、ライフチャンスがなく途方に暮れ

表 6-3　里親の種類ごとの定義・要件［厚生労働省　2017 より作成］

里親の種類		定義	要件
養育里親	養育里親	要保護児童を養育することを希望し，養育里親名簿に登録されたもの。	①要保護児童の養育についての理解および熱意ならびに児童に対する豊かな愛情を有していること。 ②経済的に困窮していないこと。 ③養育里親研修を修了していること。 ④里親本人またはその同居人が欠格事由（※）に該当していないこと。
養育里親	専門里親	次に掲げる要保護児童のうち，都道府県知事がその養育に関し特に支援が必要と認めたものを養育するものとして里親名簿に登録されたもの。 ①児童虐待等の行為により心身に有害な影響を受けた児童。 ②非行のあるもしくは非行に結びつくおそれのある行動をする児童。 ③身体障害，知的障害もしくは精神障害がある児童。	養育里親の要件に加え， ①次のいずれかに該当すること。 ア　養育里親として 3 年以上の委託児童の養育の経験を有すること。 イ　3 年以上児童福祉事業に従事したものであって，都道府県知事が適当と認めたものであること。 ウ　都道府県知事がアまたはイに該当する者と同等以上の能力を有すると認めた者であること。 ②専門里親研修を修了していること。 ③委託児童の養育に専念できること。
養子縁組里親		養子縁組によって養親となることを希望するもの。	①養育里親の要件①，②および④のすべてに該当すること。 ②養子縁組によって養親となることを希望する者であること。
親族里親		要保護児童の扶養義務者およびその配偶者である親族であって，養育を希望するもの。	①養育里親の要件①および④に該当すること。 ②要保護児童の扶養義務者およびその配偶者である親族であること。 ③要保護児童の両親その他要保護児童を現に監護する者が死亡，行方不明，拘禁，疾病による入院等の状態になったことにより，これらの者による養育が期待できない要保護児童の養育を希望する者であること。

※欠格事由：ア 成年被後見人または被保佐人（同居人は除く）　イ 禁錮以上の刑に処せられ、その執行を終わり、または執行を受けることがなくなるまでの者　ウ 法、児童売春・児童ポルノ禁止法（児童売春、児童ポルノに係る行為等の処罰及び児童の保護等に関する法律）または政令第 35 条で定める福祉関係法律の規定により罰金の刑に処され、その執行を終わり、または執行を受けることがなくなるまでの者　エ 児童虐待または被措置児童等虐待を行なった者その他児童の福祉に関し著しく不適当な行為をした者

る子どもたちを見てきた。もちろん、高校を中退し施設を出ていかざるを得ない子どもにもたくさん遭遇してきた。児童相談所の職員は、施設入所している子どもたちの日々の生活をじっと見ているわけではないが、良いことも良くないことも節目節目で関わるので、その表情はよくわかる。

子どもを施設に預けることや、里親に委託すること（しないこと）は、他人からみれば、親の勝手、わがままだと思うかもしれないが、当事者にとっては深刻な問題である。だた、子どもは親の所有物ではないことは知ってもらいたい。子どもの最善の利益を考えると何とかできないかとこれまで歯がゆい思いを何度もした。しかし、子どもの最善の利益を思っても、親権を盾にされると勝てない。

そのため、自分の子どもを養子縁組里親に託し、その後、特別養子縁組につなげていく産みの親には、納得ができるように丁寧に説明をしていた。これまでの特別養子縁組の規定では、裁判が結審しないかぎり、生みの親の気持ちが変われば、途中でも申立てを撤回することができた。だから、慎重にならざるを得ない。養子縁組里親に委託したほうが、最善の利益にかなうと思う子どもたちはいるが、進まない理由の一つがこれである。行列をつくって待つ養子縁組を希望する里親にはみえない事情である。

2 里親委託率の地域差

国は毎年、福祉行政報告例として、都道府県児童相談所および設置市別の里親等委託率を発表している。2017（平成29）年度末の里親等委託率は、19・7％である。最大は新潟市の57・5％、最少は秋田県の9・6％との結果がでている。日本全体では、措置児童のうち施設で生活している子どもの割合が8割強、里親等で生活している子どもの割合が2割弱である。欧米先進国の里親等委託率は5割を超えており、日本の里親等委託率の低さは目立っている。表6－4に里親等の委託率のベスト5、ワースト5の自治体を示した。

大阪府は、母数が多いから不利だということを聞いていた。つまり、社会的養護の必要な子どもの数が多いことを意味している。たとえば、社会的養護の必要な子どもたちが100人程度の自治体と大阪府のように2000人程度の自治体を比較してみよう。

仮に、社会的養護の必要な子どもたち100人のうち10人が、

表6-4　里親等委託率ベスト5　ワースト5［厚生労働省　2018　53表，54表より作成］

（2018年3月末時点）

	ベスト5自治体	里親等委託率		ワースト5自治体	里親等委託率
1	新潟市	57.5%	1	秋田県	9.6%
2	静岡市	44.2%	2	堺　市	10.6%
3	福岡市	43.8%	3	熊本県	11.1%
4	新潟県	42.0%	4	大阪府	11.3%
5	宮城県	39.7%	5	神戸市	11.6%

里親委託されているとすれば、里親等委託率は10％である。そこに、里親等の委託を10人増やせば、里親等委託率は20％に跳ね上がる。一方、社会的養護の必要な子どもたち２０００人のうち２００人が、里親委託されているとすれば、これも里親等委託率は10％である。しかし、委託率を20％に上げようとすれば、新たに、２００人の子どもを里親委託しなければならない。単純に、委託率の低い自治体が、里親等の委託に力を入れていないとは言い切れない。数字のからくりがあることを知るべきだろう。

福岡市は、里親等委託に力を入れている自治体の一つである。５年間の里親等委託率の推移を表６‐５に示した。全国平均を上回る委託率である。２０１６年３月から２０１７年３月の１年間に委託率を７・５％上昇させている。粗い計算であるが、乳児院と児童養護施設に入所している子どもの数が３００人であると仮定すれば、新たに約23人の子どもが里親等に委託されたことになる。さらに、２０１７年３月から２０１８年３月までの期間に委託率を12・９％上昇させたので、新たに約39人の子どもが里親等に委託された計算に

表 6-5　福岡市の里親等委託率 ［厚生労働省　2018 より作成］

	ランク	委託率
2019 年 3 月	3 位	43.8
2018 年 3 月	3 位	39.7
2017 年 3 月	7 位	26.8
2016 年 3 月	18 位	19.3
2015 年 3 月	15 位	18.3

なる。このように着実に実績をあげている自治体もあるので、里親の登録数が少ないとか、母数が大きいから委託率が上げにくいということは、単なる言い訳になってしまう。

福岡市の里親等委託の背景には「新しい社会的養育ビジョン」を進めてこられた児童相談所長の力があるといえる。児童相談所のトップが里親等委託の推進に方向性を示し、それによって、児童福祉司らが子どもたちの福祉の向上を実感できれば、このような結果が生まれるのであろう。

一方で、社会的養護の必要な子どもたちの側からみてみると、里親に委託されるのか、施設に措置されるのかは、基本的に自分では決められない。もちろん、意見表明権として、「私は、里親を強く希望する」「施設を希望する」と言うことはできる。しかし、希望がかなわないことも少なくない。これまでは、受け皿に限界があり、実質的には措置機関の意向によって決められてきた。もちろん、親権者である父母が、里親宅で生活をさせることは認めないと主張すれば、児童相談所が里親委託する方向で考えたとしても、強引に措置をすることはできない。やはり親権は強い。この親権に対抗する措置として、親権停止や親権喪失の申立てがある。しかしながら、よほどの理由がないかぎり、里親委託を主訴として、家庭裁判所に親権停止の申立てをしたとしても、まず、認められることはない。

住む地域によって受けられるサービスに違いがあることは、決して望ましいことではない。「新しい社会的養育ビジョン」では、特に、未就学の子どもは、家庭養育原則を実現するために原則として乳児院等への新規入所を停止する。愛着形成に最も重要な時期である3歳未満の子どもは5年以内に里親等に委託する。それ以外の子どもについては、おおむね7年以内に里親等委託率を75%とする。学童期以降は、おおむね10年以内に里親等委託率を50%以上に実現すると目標値が設定された。

目標値としてとてつもない数値を提示することは、のらりくらりしている自治体に対して、インパクトを与え、危機感をもたせることにつながるかもしれない。対立感情を掻き立てるメッセージとしては効果的である。ただ、ここでも、地域差は考慮しなければならない。

何よりも、すべて里親やファミリーホームが良いとはいえないし、すべて施設が良いともいえない(逆に、悪いともいえない)。児童福祉司として、家族と同様に関わってもらえる里親さんにも、献身的な施設の先生方にもたくさんお会いした。いろいろ見てきた結果であるが、罪のない子どもにとって、楽しいこともつらいことも共感できる人がいて、家庭養育、家庭的養育ができる環境であれば、里親か施設かに対立軸をつくる必要はないと考える。

むしろ、その子どもにとって必要かつ適切なサービスが使えないことのほうが問題である。そのため、著しく低い里親等委託率の自治体は、再考する必要がある。ただし、家庭養育を推進し里親の必要性を理解し動いているのであれば、何も数値にとらわれる必要などない。子どもにとって里親等委託が望ましいのであれば、「新しい社会的養育ビジョン」が指摘するように押し進めるべきだろう。施設入所と里親委託とを何もかもまぜこぜにして解釈することが混乱をまねき、委託率の低い自治体に言い訳の材料をつくらせている。結果的に子どものためにならない。

3　里親さんの行列をのぞむ

里親の登録数が少ない。親からの反対がある。里親の認知度が低い。自治体によって、地域差があると説明した。また、自治体の里親等委託率を上げるためには、強いリーダーシップのもと、職員のボトムアップが必要である。

ただし、仮に営業推進本部を立ち上げたとしても、里親等委託率を上げることはできない。これまでの経験から里親委託を成功させる秘訣は、子ども・里親・児童相談所の三者が心地よいと感じることができるか否かである。そのためには、子どもにとって安心できて生活しやすい環境であること、里親がその子どもを養育することに達成感や成功体験を得られること、児童相談所の職員が子どもの成長する姿がみられることが大切ある。ここで、鍵となるのが、里親支援である。たくさんの子どもを里親さんにお願いしてきたが、うまく里親家庭で生活できない子どももいる。これは、子どもが不適応行動を起こして、里親さんがこれ以上子どもの面倒をみることができないので、措置変更を願い出るものである。子どもが悪いのではないし、里親さんが悪いのでもない。また、措置をした児童相談所が悪いと言い切ることもできない。児童相談所側からいえば、入所率の高い自治体にある児童養護施設は、往々にして、高年齢の子どもの受け入れを断わられる。そうなれば、子どものあずかり先がなく、いずれ子どもが不適応を起こすことがわかっていても、里親委託せざるを得ない。

すると、結果的に、子どもは、親からも施設からも里親からも見捨てられたという思いを経験して、傷ついてしまう。里親さんは、これまでの養育が良くなかったのかと傷つき、児童相談所の職員は、行き先のない子どもの対応に何倍もの労力を費やし、四方八方から板挟みになって苦慮する。

これらを解決するために、「新しい社会的養育ビジョン」の中に、フォスタリング機関の発想が盛り込まれたのであろう。フォスタリング機関とは、日本語では、里親養育包括支援機関といわれている。業務を大きくわけると、一つは、里親ないし里親委託を増やすこと、もう一つは、養育者の交代ができない里親をバックアップする目的や機能がある。

フォスタリング機関のソーシャルワーカーは、前者の業務において、里親のリクルートおよびアセスメント、子どもと里親家庭のマッチングを行なう。後者の業務では、一つは里親養育の心理的・実務的サポート・里親養育に関するスーパービジョンをとおし、自立支援計画の作成・共有や進捗把握、養育水準向上に向けた助言・指導など行なう。後者の業務のもう一つは、里親養育の状況に応じた支援のコーディネートや、地域における関係機関を含めた支援体制構築や**レスパイト・ケア**【↓用語集】

の利用勧奨など、里親の活動を支援することである。

あまり聞きなれないフォスタリング機関であるが、この担い手の選出は各自治体に任せられている。NPO（特定非営利活動）法人、乳児院や児童養護施設、児童家庭支援センターなどが担い手となっているが、当面は児童相談所が担わざるを得ない自治体もある。ただし、これまでに里親支援を担当してきた児童相談所が、**里親支援専門相談員【↓用語集】**を有効に活用できていたとは思えない。多くの自治体において、児童相談所はフォスタリング機関をバックアップする体制に移行しているが、行列のできる児童相談所は、フォスタリング機関を抱え込むのではなく、外部委託を推進していかなければならない。

これまでの様子をみていると、里親を希望する家庭は行列をつくっている。自分たちの家庭で社会的養護の必要な子どもたちを養育したいと思う家庭は、子どもを待ちわびている。家庭で暮らすことのできない子どもたちも、それを待ちわびている。

少しずつであるが、この里親制度に関心をもって登録をしていただける方が、周りにも増えてきたように感じる。これには、児童虐待への関心の高まりが、背景にあるのではないだろうか。

昨今、これほどまでに、児童虐待に関することを社会問題として報道機関が取り上げたことはない。子どもの命に差などないが、東京都目黒区の5歳の女児、千葉県野田市の小学4年生の女児が虐待によって亡くなったことを踏まえた報道の結果であることは間違いない。一方的な報道でないのであれば、現状をどんどん伝えるべきである。

これ以上、悲惨な虐待死事案が起こらないように何かできないかと、里親登録をされる方もいる。いまの日本の現状をみれば、社会的養護の必要な子どもたちがいなくなることなど考えられない。ならば、子どもたちのために里親登録の行列をつくってほしい。児童相談所は、その行列を待たさずに、社会的養護の必要な子どもを適切な里親さんに委託しなければならない。里親を増やすために目標値を掲げることは大切であるが、促成栽培の里親は、**ドリフト問題【↓用語集】**を引き起こし、破綻をきたすこともあるだろう。そうなれば、子ども・里親・児童相談所・関係機関のいずれもが不幸になってしまう。地道な活動であるが、里親支援の体制をしっかりと整え、子どもに理解ある里親さんをどんどん増やしていかなければならない。この解決には、先進自治体の事例を参考にして、いずれもが、心地よく成功体験のできる仕組みづくりが大切である。

4 里親さんとの思い出

児童相談所の児童福祉司をしていたときには、さまざまな里親さんとの出会いがあった。大阪府の場合、緊急に保護しなければならないケースが半端なく多いわりには、子どもを保護する施設の定員が限られていた。そのため、里親さんには、事前に依頼をするのではなく、急遽、「今日から子どもをお願いできませんか」と連絡をすることも多かった。それにもかかわらず、快く引き受けてもらえる里親さんがいた。ここからは、2つの里親さんの事例をとおして、社会的養護の現状について考えていきたい。

里親のAさんには、小学校高学年の女の子と低学年の男の子を引き受けてもらったことがある。子どもたちの母親が、急に入院しなければならなくなり、市役所を通じて連絡が入ってきた。虐待相談ではなく、いわゆる、一般的な養護相談である。

家庭訪問を行なって、母親には、ひととおり**フェイスシート**【↓用語集】が埋まるくらいの必要な情報を聴き取った。入院期間は2~3か月といわれているようで、協力してもらえる友人などはいたが、長期の間、2人の子どもを世話することは難しく、また、親類などの協力も得られないとのことであった。母親に事情を確認したあと、子どもたちと面接をして、しばらくの間、里親さんの家で生活をする理由を説明する。そうすると、女の子から「いま通っている学校には行けないの?」と質問された。筆者からは、女の子の通学する学校と委託する里親のAさんの家との距離があまりに遠かったので、転校になってしまうことを伝えた。女の子は、残念そうな顔をしながらも、母親から「お母さんが入院している間は、辛抱してね」と言われて、しぶしぶ納得をしていた。

子どもの意思は伝えたいがAさんに無理も言えない。そんな中で、無理を承知でAさんに学校のことを聞いてみた。Aさんは、車で片道1時間あまりの距離があるのにもかかわらず、子どもの願いとあればと、学校への送迎を快く引き受けてくださった。その時の子どもたちの表情は忘れられない。きっと安心感は、計り知れなかっただろうと振り返って思う。そのことを入院中の母親に伝えると、決して、筆者が送り迎えをするわけではないが、感謝の言葉を何度となく述べられた。2～3か月の入院期間とはいえ、子どもたちの転校を思うと母親としても心配であったと推測できる。

里親さんのボランティア精神によって、もと通っていた小学校への越境通学が成り立った事例である。しかし、ボランティア精神だけでは、必ずしも原籍校への通学が保障されるわけではない。また、ボランティア精神が、制度的欠陥を補完する役割を担うならば、社会福祉の存在意味はない。現在、里親登録を増やす取り組みが行なわれているが、さまざまな課題があるのも事実である。ある自治体の取り組みとして、1学校区に1人の里親を配置する計画を立てる積極的な児童相談所もある。どんなところかと見てみれば、やはり、基礎自治体がもつ児童相談所である。このような先進的な取り組みを行なう自治体をモデルにしていくべきであろう。

もう一つ献身的な里親Bさんの事例を紹介したい。

ステップファミリーで家庭に居場所のない当時中学2年生の男の子のケースである。小学校6年生のときに、母親の再婚によって、養父と3人暮らしになった。まもなくして、母と養父の間に子どもが生まれた。しばらくの間は、4人で生活していたが、父母の関心は、弟に向くようになった。

彼は、万引きや深夜徘徊をするようになり、警察に繰り返し補導され、児童通告書が児童相談所に届けられた。

このままであれば、彼を殺してしまうかもしれないと父母からの訴えもあり、一時保護して施設入所を検討することになった。もちろん、高年齢の児童を受け入れる施設は限られており、援助方針会議では里親委託する方向で検討がなされた。

高年齢の子どもを得意とする里親さんは限られている。さらに、深夜徘徊や万引きをする子どもを引き受けてくれる里親さんとなれば、極めて少ない。いわゆる、里親の経験が長いベテランの専門里親のＢさんにお願いをした。

一時保護を解除したあと、彼は、Ｂさん宅で新たなスタートを切ったがうまくいかない。深夜徘徊し、Ｂさん宅に帰らず、数日、非行の子どもたちのたまり場で過ごして、Ｂさんを困らせていた。それでも、Ｂさんは、彼がいつでも帰ってこれるように、玄関のドアの鍵を開けているると話され、ご飯も用意して待っているとのことであった。しばらく深夜徘徊は続いたようであるが、Ｂさん宅に戻ってきた。彼にとって居場所が見つかってからは、落ち着いたようである。

大人への不信感による子どもの心の傷を癒すには、何より安心感が必要なのだろう。里親さんの愛情、洞察力と忍耐力、そして、子どもを中心とした支援に頭がさがった。

〔文　献〕

厚生労働省（２０１７）「社会的養育の推進に向けて」 https://www.mhlw.go.jp/file/06-Seisakujouhou-11900000-Koyoukintoujidoukateikyoku/0000187950.pdf

厚生労働省（２０１８）「平成29年度版福祉行政報告例」 https://www.e-stat.go.jp/stat-search/files?page=1&layout=datalist&toukei=00450046&tstat=000001034573&cycle=8&tclass1=000001121497&tclass2=000001121502

厚生労働省（２０１９）「児童虐待防止対策の状況について」 https://www.mhlw.go.jp/content/11920000/000536278.pdf

厚生労働省子ども家庭局（２０１９）「児童家庭福祉の動向と課題」 http://www.crc-japan.net/contents/situation/pdf/201804.pdf

Column 6 一期一会の遠方の日帰り出張

子どもは一時保護されると、施設や一時保護所など安全な場所に移送される。都市部の自治体の児童相談所では、ほぼ毎日、これが繰り返されている。その中で、年間数件、遠方への子どもの移送がある。北は北海道、南は九州博多と全国を日帰りで巡らせてもらった。

朝一番、出勤すると一時保護所から児童相談所にＦＡＸが届いている。ＦＡＸの内容は、深夜1時50分、警察から非行を事由に身柄付きの要保護児童通告。コンビニで万引きをして補導されたが、1週間前に九州から来たとの内容。

通告書を確認後、面接対応と移送要員の確保に動く。同時に、子どもの住所地の児童相談所と交渉が始まる。都市部の児童相談所は空きがないので、相手方の児童相談所も苦慮し、その調整に時間を要する。その日に移送業務ができる職員を募るが、誰一人として余裕のあるものはいない。ぎっしり詰まった課員のスケジュール表をパズルのようにして組み替える。移送中に逃走する子どももいるので、屈強な職員をつけるなど万全の体制をとることもある。

遠方から1人で大阪に来る子どもには、さまざま事情がある。移送中に子どもに家庭のことや家出の間の過ごし方を聞いてみる。家の中で居づらさを感じて来るもの、詐欺グループに騙されて来るもの、虐待が背景にあるものと、子どもたちと話してみれば、複雑な事情が見えてくる。

第7章 行列のできない児童相談所づくり

1　中核市の児童相談所が増えないわけ

国連の子どもの権利委員会は、日本の増加し続ける児童虐待に関して、その対策や対応のまずさを改善するように勧告した。もはや、国連までもが日本の児童虐待対応を問題視している。これまで日本の社会福祉の政策は、社会問題となっている高齢者福祉に重点が置かれてきた。子ども福祉に関しては、待機児童問題に力を入れる自治体はあっても、社会的養護にかかる予算を手厚く配分する自治体はわずかである。和田と稲垣によると、日本の虐待に関する予算は、およそ年間1000億円。人口比は日本と違うが、アメリカは3兆円の予算を講じている。桁が全然違い、日本は子ども福祉分野は、非常に乏しい資源、乏しい人数で過酷な業務をしていると述べている［Wada & Igarashi　2014］。

穿った見方であるが、政治家にとって、社会的養護の子どもたちの支援や子育ては、票にならず、だから手をつけないのではないかと思う。一方で、社会的養護に関心をもつ超党派の国会議員らが、支援の必要な子どもたちのために勉強会を開いているのも確かである。

子ども政策が市民に評価された自治体に、明石市がある。暴言市長として全国ネットで取り上げられ辞職したものの、市民から評価を得て3選を果たした泉房穂《いずみふさほ》市長は、就任以来、子ども政策に力を入れていた。この市長は、明石市が中核市となった際に、中核市になるならば児童相談所を設置しなければ意味がないと宣言していた。金沢市・横須賀市の2市設置後13年ぶりに、2019年4月1日に明石市に中核市3番目の児童相談所が開設された。[*1] 全国に中核市は58市あり、これまでの設置率は3・7％であった。明石市が児童相談所を開設したことによって、設置率は5・2％に上昇したとはいえ、それでも低迷している。

全国の児童相談所の前にはどこも、支援を必要とする子どもたちが行列をつくって待っている。命に関わるものでなければ、「ごめんね、もう少し待ってね」と言えばよい。しかし、大人は、待っているうちに亡くなる子どもたちがいることを忘れてはならない。

その姿を目の当たりにしてきた筆者からすれば、大人の身勝手でできることをしないことは許されないと考える。中核市市長会が、2019（平成31）年1月23日に厚生労働省あてに「中核市における児童相談所の設置に関する緊急要請」（図7‐2）を提出している。後で詳しく述べるが、決して、前向きな話ではない。その翌日には千葉県野田市でたいへんな児童虐待死事件が起きている。どの自治体も対岸の火事ではないはずだ。

児童相談所を設置するにあたって課題が山積していることはわかっている。その主なものは、人材確保と財源である。

２０１９（平成31）年３月19日に、突然、テレビ朝日の報道ステーションより出演の依頼があった。司会者、プロデューサー、ディレクターの方々とのやりとりの中で、児童虐待に高い関心をもたれていることに頭がさがった。一方で、あたりまえなのだが、児童相談所の裏側までは見えていないこともわかった。このあたりは、児童相談所の現場を離れたものが実態を話すべき役割があると感じた。

図 7-1　テレビ朝日報道ステーション（2019 年 3 月 19 日）

筆者は、中核市の児童相談所設置準備の実務に携わった経験と、学問上の識見から、「児童相談所の増えないわけ」というテーマで児童相談所を建設するコスト（お金）と児童福祉司（人）についてコメントをした。報道では、わかりやすく焦点化をして話さなければならないので、大学で講義をするのとはまったく違う難しさに苦労した。いくらでも現場の話はできるのだが、さすがに公共の電波を使ってどこまで話してよいのか、ここは苦慮した。

そもそも増え続ける虐待の対応に行列ができているのだから、一般的に行列を解消するためには、対応する職員を増やすのか、ＡＩを導入するのか、新たに店舗を増やすかであろう。この中で、すでに、制度があり、効果が報告されているにもかかわらずできていないのが、中核市の児童相談

中核市における児童相談所の設置に関する緊急要請

平成 30 年 12 月 27 日に公表された「社会保障審議会児童部会社会的養育専門委員会市町村・都道府県における子ども家庭相談支援体制の強化等に向けたワーキンググループとりまとめ」において，中核市における児童相談所の設置義務化も含めた法令上の措置の検討等の必要性が示された。

中核市における児童相談所の設置については，平成 28 年 5 月の児童福祉法等の一部改正の際に，人口や財政規模，都道府県が設置する児童相談所が市内または近隣に所在するかなど各市で状況が異なることから，本会の意見として，各市の現状や意向を踏まえて，国と中核市の間で丁寧な議論を積み重ねるとともに，財源の確保や専門的人材の育成・確保など，国において継続的かつ安定的な支援措置を講じるよう要望した。また，この改正では，国・都道府県・市区町村それぞれの役割・責務が明確化され，妊娠期から子育て期までの切れ目のない相談体制の強化を図るため，市区町村による「子育て世代包括支援センター」や「子ども家庭総合支援拠点」の設置を促し，都道府県が設置する児童相談所との役割分担による連携した支援の方向性が示された。そのため，多くの中核市は，自らの保健所設置市としての機能を発揮しながら，都道府県の児童相談所や関係機関等との緊密な連携により継続した支援を行い，児童虐待の未然防止等に取り組んでいるところである。

さらに本会では，これまでにも，平成 29 年度に中核市にとっての児童相談所設置の推進を阻害する要因等を検証するためのプロジェクト会議を設け，一時保護所・児童相談所（事務所部分）の整備費への適切な財政措置や専門的人材の育成・確保についての提言を取りまとめるなど，関係省庁・政党への提言活動を行ってきた。

しかしながら，これまでの提言等に対して十分な対応はなされておらず，さらには，本来，国において，中核市の取組状況や都道府県が設置する児童相談所との役割分担の現状・課題等に係る詳細な実態把握を行い，その結果を踏まえて審議がなされるべきところ，当事者である中核市の実情や意見が反映されないなかで，唐突に，中核市における児童相談所の設置義務化も含めた法令上の措置の検討の必要性が明記されたことに多くの中核市及び中核市への移行を検討している市は大変困惑している。

こうしたことから，中核市における児童相談所の設置促進については，地域の特性が異なる各市の現状や意見を十分に聴いていただき，中核市及び中核市への移行を検討している市との間での丁寧な議論を積み重ねたうえで，義務化ありきではなく，設置の後押しとなる十分な財政措置や専門的人材の育成・確保にかかる支援の充実によるものとするよう強く要請する。

平成 31 年 1 月 23 日
中核市市長会

図 7-2　中核市における児童相談所の設置に関する緊急要請［中核市市長会ホームページより］

所の設置である。行列解消の一つの対策と考える。そのために必要なのは、「お金」と「人」である。しかし、それだけなのかといえば、これ以外にもわかりにくい理由がありそうである。児童相談所の設置準備を経験した立場から説明してみよう。

2019(平成31)年1月23日に中核市市長会は、厚生労働省へ「中核市における児童相談所の設置に関する緊急要請」を行なっている(図7-2)。内容をわかりやすくいえば、中核市の児童相談所設置に反対するものである。ただし、これがすべての中核市の主張であるとは思えない。

中核市が反対する理由は2つあり、一つは、財政的支援が継続的にされるのか心配であること、もう一つは、児童福祉司等の専門職を確保することが難しいことである。これまで、中核市市長会が提言してきた財政支援継続と人材確保の課題が改善されていない状況では、児童相談所をつくることは難しい。また、新たに中核市に移行しようと思っている基礎自治体は、この状況のもとで児童相談所をつくらなければならないのであれば、中核市に移行することを控える自治体があるという主張である。

確かに、この中核市市長会が厚生労働省等に提出した緊急要請は、中核市の現状をみれば、致し方ない訴えであることがわかる。現に、児童相談所を設置するためには、建設費等のイニシャルコストが発生する。児童福祉司等の専門職を配置しなければならず、これもランニングコストが発生する。しかし、後者は国の基準に準拠した配置であれば、設置市が人件費を負担することはない。

ただ、結果として、新たに設置をするならば、国基準よりも手厚く人員配置する必要があり、市財政から単費（すべて自前）でお金を持ち出さなければならない。いずれにしても、多額のお金がかかる。

人も同様で確保することが難しい。第1章で述べたように児童福祉司は、高度なソーシャルワークを駆使して対応にあたっているので、一人前に児童福祉司の業務ができるまでには、少なくとも5年以上の実務経験が必要であるし、優秀な人材を確保することは容易ではない。

しかし、筆者が勤務した金沢市は、現在のように国の支援もほとんどない中で、子どもを一時保護する施設整備のために、2億5000万円の建設費を拠出した。これまでに採用してきた社会福祉職や保育士を児童福祉司として投入して、設置構想からわずか2年後の2006年に児童相談所を立ち上げている。中核市市長会は「唐突に」、と書いているが、この議論は2015（平成27）年にもなされており、翌年の2016年の児童福祉法改正に必置が見送られた経緯がある。金沢市は、スピード感をもって事業を進めてきた。ここには、当時の市長の強いリーダーシップがあったと考えられる。

当時の金沢市の市長は、「金沢市の子どもは、金沢市が護る」というのが口癖であったようだ。同時期に開設をした横須賀市の市長も同様のことを言っている。2019年4月に中核市3番目の明石市の市長も「子どもを護ることは、基礎自治体の責務である」と発言している。これから、設置する中核市の奈良市、柏市、船橋市、鹿児島市の首長も同様のことを話している。明石市などの設置自治体をみれば、いずれも、すべての子どもに優しいまちづくりを目指す自治体である。

一方で、中核市の児童相談所設置反対の意向を取りまとめて緊急要請を提出した自治体の状況もわかる。しかし、この違いは何なのだろうか。社会的養護の必要な子どもたちの支援を目の当たりにしてきた筆者からすれば、支援の必要な子どもたちへの行政施策は、確実に必務である。

中核市市長会が緊急要請を提出した翌日には、大きな児童虐待死事案が発生している。何度も、本書で取り上げた千葉県野田市の小学4年女児の虐待死事案である。きめ細やかな対応ができるのは、基礎自治体が設置する児童相談所である。もちろん、首長にやる気がなかったり、適切な人材の確保ができなければ、絵に描いたもちであるが先行自治体の事例をみてほしい。

千葉県柏児童相談所が管轄する人口は、約139万人である。この人口を抱えていれば、広域行政が迅速に対応することは不可能である。児童虐待対応の7原則（→第1章3節）の大きな一つ（②迅速性）が欠ける。地方自治を盾に、大人の都合で救える子どもの命を無駄にしてはならない。中核市には移行したいが、社会的養護の必要な子どもへの支援は行なわないというのは、優先順位を錯誤した大人の都合ではないか。

一方で、中核市の柏市は、千葉県野田市の小学4年女児の虐待死事案の前から児童相談所の設置に向けた検討を重ねており、正式に設置表明をしたことは評価できる。柏市の市長は、「虐待の予防から、早期発見・早期対応、そして虐待を受けた子どもの保護や自立支援などにいたるまでを一体的に担っていくことが非常に重要である」と強調し、「それが可能なのは、子どもたちを出生時から見守ることのできる市であると認識している」と述べている［朝日新聞　2019年2月23日］。やはり、基礎自治体がもつ児童相談所の最大のメリットである一元化を評価し、柏市の子どもは柏市が護るとする考えが背景にあるのだろう。

金沢市の児童相談所は、見切り発車だと内部からも外部からも批判を受けて出発したが、いまや、他の自治体と引けをとらない児童相談所になった。職員らのなみなみならぬ努力の結果であろう。自治体のトップである首長は、子どもの命を護るという強い信念をもってもらいたい。もはや、児童虐待の対応に保身になるべきではない。

中核市で児童相談所の設置に携わってきたものは、筆者を含めて増えてきている。設置を希望する自治体に対して、経験者は、そのノウハウを提供することができる。真に子ども支援に必要な政策を精査したうえで、子ども視点で考えてほしい。

東京都23区の中で児童相談所を設置しないと唯一宣言をした区がある。その練馬区は、覚悟を決めて、現場では子育て支援に力を入れている。これには各自治体も見習うべきところがある。ただし、気になる点もある。YAHOO!ニュースの記事［THE PAGE　2019年3月31日］を見てみよう。

一つ目は、一時保護の件数に関してである。「一時保護された児童数は2013年度が約970

件で、2017年度は約1200件。通告件数の伸びに比べればそれほど増えていない」とコメントしている点である。この数字をみれば、一時保護される子どもが4年間に230件増加している。また、単純に計算すれば、毎年57・5件増加し続けている計算になる。確かに、児童虐待対応件数と比較すれば、大した増加ではないとはいえるが、しかし、東京都の一時保護所は、平均入所率（109・1%）が、常時定員を超えている日本一混み合う一時保護所である。一時保護数の増加率が、毎年5・9%の上昇といえば、確かに、他の自治体と比較すると高いとはいえないかもしれない。しかし、定員超過している状況ならば、保護したくても保護先が見つかりにくいことは明らかだ。その状態を考えればこの数字は、決して低くない数字であり、危機感をもつべきである。

2つ目は、練馬区（の子どもの対応の場合）は、「法的対応も含めて『介入』は児相、『寄り添い支援』は（練馬区）子ども家庭センターと役割を明確化」したとある。確かに、介入と支援は、児童虐待防止法改正において、機能分化（離）するように明確化された。第3章において、述べたとおり、児童虐待対応では、介入も支援である。介入のきっかけで支援に結びつくこともある。しかし、法的対応を行なうケースでは違いがあり、犯罪ケースではまったく違うとも述べた。やはり、支援と介入の概念が整理されていないことが、この記事からも読み取れる。何と言っても、児童相談所と市区町村の温度差や齟齬が生じるという、二元制の問題が起こり得る。どこの基礎自治体でも、もはや、寄り添い支援だけをやっているところはない。

3つ目は、親子分離が必要な虐待ケースの場合、「子どもは児童養護施設に措置されるが、区ごとに児童相談所が設置されれば、親が子どものいる施設を容易に特定できるようになるので、子どもを連れ帰る可能性がある」と説明している。確かに、一時保護したばかりのケースや家庭裁判所に児童福祉法第28条を申立てているケース等は、その可能性を否定できない。一時保護したばかりのケースであれば、原則、児童相談所一時保護所で保護される。保護者の引き取り要求のある場合は、接近禁止命令を出すか、他の区の児童相談所と協議し施設の定員を割愛するなどが考えられる。しかし、このようなことは基本的な対応であると思う。

東京都23区の特別区は、どこの区も子育て支援政策に力を入れて熱心に取り組まれている。せっかく現場では子育て支援に力を入れて体制を整えていても、首長の考え方一つで矛盾が生じてしまうのは、もったいない。

2　施設コンフリクト

もう一つ、児童相談所の増えない理由は、施設コンフリクトの問題である。コンフリクト(Conflict)とはあまり聞きなれないかもしれないが、「争い、衝突、対立、葛藤」と訳される。施設コンフリクトとは、施設の建設に対して、周辺住民との衝突が起こることである。迷惑施設として問題となる典型例は、ごみ焼却場や火葬場などである。福祉施設であれば、障害者の施設や待機児童が社会問題化している保育園も子どもの声が騒がしいと、その例にあげられる。

2018年に大きく取り上げられた施設建設反対運動といえば、東京都港区南青山の一等地に建設計画の児童相談所であろう。この施設は、2021年に「港区こども家庭総合支援センター」として開設予定であり、子どもと家庭の状況に応じた支援機能と児童相談所の専門機能を一体化させた、総合的支援施設である。

この建設に対して、一部の地域住民から「なんで青山の一等地にそんな施設をつくらなければならないのか、別の地域につくればよいのではないか」「港区南青山の資産価値が下がるじゃないか」「ネギひとつ買うのにも紀ノ国屋に行く。DVによって保護される人は生活に困窮されていると聞くが、生活するのにお金がかかって大変なはず」、極めつけは、「児童相談所は、ランチ単価が1600円の街に、ふさわしくない」「非行児童に対応するために自警団をつくる」との発言が、テレビなどで報道された。

この報道があったのは、東京都目黒区の5歳女児が虐待で亡くなって間もない時期であった。また、南青山のある港区は、目黒区に隣接する地域でもある。この事案はすぐ隣の街で起きている。しかし住人は、必要な施設ではあるけれども、ここにはつくらないでほしいと思っている。これまでに児童相談所の役割が理解されていないことは、確かに問題であり周知する努力は必要である。しかし、港区の背景は違うようだ。いずれにしても、評論家が言うように設置に対する丁寧な説明責任はあるし、公開説明会を開催することにも意義があるだろう。港区のホームページをみれば、建設に関する経緯や必要性について丁寧な説明が書かれている。唐突に計画が進められたわけではなさそうである。社会的養護が必要な子ども、支援が必要な子どもと家庭に、もっともっと社会全体が関心をもってほしい。

この施設コンフリクトの話題を講義で取り扱い学生に話したことがある。学生からすれば、「キノクニヤ」は本屋（紀伊国屋）であり、本屋でネギを買うって、どういうことかと混乱をしていた。しかし、この後、多くの学生が、施設コンフリクトの問題や児童虐待に関心をもってくれて、うれしくも感じた。地道な活動によって関心が高まってくれることを祈って、さまざまな話題や事例を用いて授業をしているが、コンフリクトの当事者にも理解を得る方法の一つであると思っている。

児童相談所の施設コンフリクトの問題は、何も、東京都港区に限ったものではない。大阪市でも起きている。大阪市は、2016年に、増加する児童虐待に対応するため2か所目の児童相談所を大阪市北区のタワーマンション内に建設しようとしたが、やはり、住民から設置反対運動が起った。当時、大阪市は、タワーマンション内に高齢者の福祉施設を運営していたが、その施設が事業仕分けにより運営停止となり、その後も売却先が見つからなかった。そのため、増え続ける児童虐待対応の拠点として、大阪市が2か所目の児童相談所として活用する計画が立てられたのである。

しかし、地域住民からは「親が子を取り返しに来てトラブルが起こったら心配である」とセキュリティーの問題を疑問視する声が上がった。大阪市は、地域住民の理解が得られないと判断し、計画を断念した。大阪市としては、やむを得ず、別の地域で児童相談所を建設することになったが、これにより設置計画は大幅に遅れることとなった。

今後、中核市や特別区は、児童相談所と一時保護所を建設する。センシティブな業務であるために、何もかもオープンにはできないが、市民の方に理解をしてもらうためには、自治体も市民に地道な活動を続けなければならない。あわせて、一人ひとりの活動と意識改革が必要であろう。

2019年に、児童相談所を設置した明石市の管理職の方にお話を伺うことができた。そこで、児童相談所を設置するにあたって反対運動はあったのかストレートに聞いてみた。答えは、「反対される市民の方や議員の方はなかった」とのことであった。明石市は、児童相談所を設置する前から、市の取り組みとして、すべての子どもに優しいまちづくりを目指してこられたようである。あわせて、これまでの保健福祉の取り組みについても聞いてみると、敷居の低い子育て支援を展開されていることにも気づかされた。ネット上でも話題となった妊婦さんへの「神対応」の保健師の活動も一つにあろう。子どもに優しいまちは、大人にも優しいように感じた。明石市で施設コンフリクトの問題が起こらなかった理由は、市民と行政が、地道な活動によって、子どもを核としたまちづくりに協働をしているからかもしれない。

次節からは、本論に入っていきたい。実態をとらえるために、中核市の児童相談所の現状と必要性についてみていこう。

3 児童相談所設置の現状と必要性

2004（平成16）年に児童福祉法が改正され、国は、中核市の児童相談所の量的増加を見込んだ。2008（平成20）年4月の児童相談所の設置数は、197か所、2018（平成30）年4月現在の設置数は、211か所である。この期間に14か所の児童相談所が設置された。このうちの3か所は、2009年設置の岡山市、2010年設置の相模原市、熊本市（中核市を経過して設置）は、いずれも政令指定都市移行にともなうものであり、児童福祉法による必置要件から設置された児童相談所である。残る11か所は、新たな自治体が設置したのではなく、既存自治体が急増する児童虐待業務に対応するべく、体制強化のために設置したものである。

表7-1は児童相談所の設置に関連した各件数の推移データである。2008年度（2008（平成20）年度実績）に国が発表した児童相談所の児童虐待相談対応件数は、4万2662件、

2019(令和元)年度発表(2018(平成30)年度実績)同件数は15万9850件である。児童虐待は、10年前と比較すると約3・7倍以上の増加である。これに対して、児童福祉司数は、2009年度(2008年度実績)では、全国で2358人が配置され、2019年度(2018年度実績)では、3426人が配置されている。この間、児童福祉司の増員と児童虐待相談対応件数の推移を比較すると、児童福祉司数は、約1・4倍の増員にすぎない。児童虐待相談対応件数の増加は、児童福祉司の増員に追いつかず、一人あたり10年前の約2倍以上の対応をしている計算になる。まず、児童相談所および児童福祉司の量的増加、そして質的向上は喫緊の課題であることがわかる。

国は、2004年の児童福祉法改正により、中核市に児童相談所の設置を促してきた。これまで金沢市と横須賀市の2市以外に設置する中核市は現われなかったが、2019(平成31)年4月に明石市が中核市3番目の児童相談所を設置した。

川並と井上[2017]は、中核市2市の自治体について、すでに、安定的運営の基軸にのっていると、その実態を報告している。

表 7-1　児童相談所の設置推移関連表[厚生労働省子ども家庭局　2019;厚生労働省　2019a より作成]

	2002 年	2008 年	2012 年	2018 年	伸び率
児童相談所設置数	180	197 (2)	207 (2)	211 (2)	1.07 倍
児童福祉司数	1,627	2,358	2,670	3,426	1.45 倍
児童虐待対応件数	23,738	42,662	66,701	159,850	3.75 倍

注　(　)内の数字は、中核市の児童相談所数の内訳

中核市が、新たに児童相談所を設置する際には、財政や人材養成等のさまざまな課題を抱えた出発となる。設置から十数年を経過し安定的運営が行なえるようになったのは、2市自治体のなみなみならぬ努力や工夫、そして、一元化のメリットによってもたらされるものも大きい。しかし、一元化のメリットを活かすことのできる中核市の児童相談所のノウハウや有用性は、広く一般に知られていない。

児童相談所の量的増加が、中核市において進展しない理由は、設置にかかる構造的欠陥、自治体の思惑と自治体任せの政策サイドの思惑が絡み合った結果といえよう。

2016（平成28）年度児童福祉法改正のもととなった「新たな子ども家庭福祉のあり方に関する専門委員会」において、当時、議論の経過には、中核市に児童相談所を必置すべきとの鋭い意見があった。しかし、自治の特性を配慮して改正児童福祉法には、附則第3条に「施行後5年を目途として、地方自治法（昭和22年法律第67号）第252条の22第1項の中核市及び特別区が児童相談所を設置することができるよう、その設置に係る支援その他の必要な措置を講ずるものとする」と記載されるにとどまった（2019年の児童福祉法改正においても、再度、「国は5年を目途に中核市等の児童相談所設置に支援を講じる」と明記された）。

話しはもどるが、この附則が、記載されるまでの十数年間、政策サイドが、新たに設置しようとする自治体に対し、有用な支援策を提示しなかった結果が、今の状況をつくりだしているといえる。

次に、設置が進まない理由の一つである、国の財政的支援策をみることとする。

4 児童相談所設置にかかるお金の問題と動向

これまでに、児童相談所設置にかかる課題点は、調査されなかったのだろうか。2016（平成28）年5月に全国の中核市や特別区を対象にして行なわれた、児童相談所設置にかかる意向についてのアンケート調査の結果がある〔官庁速報 2016〕。中核市の4分の3の自治体は、設置を検討していないと回答し、その理由として財政的課題と人材確保の困難さをあげた。新規事業を企画し立案する行政の担当者としては、財政的な課題は大きい。

現状をみてみると、積極的に児童相談所の設置に向けて動きだした中核市は、児童福祉司等の人材確保はおろか、設置にかかる費用負担において躓いている。これまでに国が実施した財政支援策から課題を検討してみよう。

図7-3は児童相談所に対する国の財政支援策を示している。一般財源化後から2017（平成29）年度までの国の財政支援策は、平たく言えば、児童相談所設置にかかる設置費用の75％までの借金（一般単独事業債・市債発行）を認めている。しかし、設置するからには、設置にかかる費

用の25%は、一般財源として自己資金を確保できることが条件である。この内容では、国による財政的な支援が実施されていなかったのに等しい。これでは、厳しい財政状況の中、行政財政改革を推進している自治体が、新たに児童相談所の設置を検討しようとしても、手をつけられないであろう。もしくは、手をつけない理由にもなりかねない。

2017(平成29)年度までの国の支援策は、なかったに等しいと述べた。2018(平成30)年度以降の国の財政支援策は、自治体が一般単独事業債を発行し、その債権を償還した総額の半分を地方交付税として、市の財政に繰り入れる支援策である。図7-3は、国(厚生労働省)が改善案を説明するための資料として用いたものであり、比較すれば改善されたことがよくわかる。財

一般財源化後から2017(平成29)年度まで

一般単独事業債(充当率75%)	一般財源 (25%)

＊一般財源化前の国庫補助金額(事業費の1/2)について，普通交付税により措置

2018(平成30)年度以降

施設整備事業(一般財源化分) (充当率100%, 交付税措置(事業費補正)70%)	一般単独事業債 (充当率75%)	一般財源 (25%)

＊一般財源化前の国庫補助金相当額(事業費の1/2)について，施設整備事業(一般財源化分)を充当
＊一般財源化前の国庫補助金相当額(事業費の1/2)の30%について，普通交付税により措置

図7-3　児童相談所設置に係る国の財政支援比較［厚生労働省　2019bより作成］

政支援策が進展した理由は2つある。

一つは、国が２０１６（平成28）年改正児童福祉法の附則に基づき児童相談所設置市に対して支援策を打ち出す必要性があったこと。もう一つは、設置準備しようとした中核市の首長らが、国に対して強く財政支援の要望を提出した結果である。国は、設置自治体に対して、費用の一部を交付税措置として配分できるように改善した。設置自治体にとっては非常に望ましい支援策であるといえる。

だが、この支援策が完全な内容かといえば、必ずしもそうとは言えない。2点の欠陥を指摘したい。一つは、地方交付税不交付団体であれば、当然、財政的支援は措置されないこと。もう一つは、地方交付税は一括して自治体に交付されるため、国から歳入として入った児童相談所の設置に関する具体的な金額が把握しにくい点である。そのため、児童相談所設置の担当者からすれば、市の財政サイドに説明しにくいことが懸念される。さらに、設置を促すならば、わかりやすい内容や支援策が望まれる。

しかし、国からの財政的支援策が、ここまで引き出されたことは、財政的負担を理由として、設置の検討を躊躇していた自治体にとって、設置にむけた後押しになるといえる。

この間、中核市は、２０１４（平成26）年に地方自治法が改正され、地方分権推進の観点と特例市廃止にからみ要件の緩和が進んだ。人口20万人以上であれば、中核市への移行が可能となった（２０１５（平成27）年4月1日施行）。つまり、人口20万以上の市は、すべて、中核市になることができ、児童福祉法第59条の4第1項の適用を受け、児童相談所を設置することのできる市が増えたことを意味する。

２０１９年4月現在、中核市は、全国に58市あり、人口60万人を超える船橋市から人口20万人の鳥取市までである。さらに、今後9市が中核市に移行を検討している。中核市の括りは、人口要件のみであるため、都市圏に隣接する市もあれば、地方都市もある。つまり、児童相談所を設置するならば、地域の実情を加味して設置の検討をする必要があり、中核市という括りを一律に考えるのは安直である。地域の特性や、それに応じた課題に対応すべく進めていかなければならない。

２０１８年6月に厚生労働省が調査した「児童相談所の設置に向けた検討状況」(中核市52市を対象)によれば、中核市では、「設置する方向」2市(明石市・奈良市)、「設置方向で検討中」2市、「設置の有無を含めて検討中」19か所であり、29の中核市は、設置の検討をしていない。一方、特別区(23区)では、「設置する方向」と回答したのは15区、「設置の方向で検討中」は7区、設置を検討していない1区のみであった[厚生労働省　２０１８]。

官庁速報[２０１６]のアンケート調査から2年が経過し、この間大きな変動はみられない。やはり、子ども政策や支援は、基礎自治体の責務であると主張する首長がいない自治体以外では、児童相談所の設置が進まないようだ(２０１８年以降、柏市・船橋市・鹿児島市が設置を表明)。

5 中核市等人口規模の4類型と地域差

筆者は、地方都市の金沢市の児童相談所に勤務したあと、三大都市の一つである大阪府の児童相談所に勤務した。ここにはスケールの違いだけでなく、さまざまな違いがあった。当然、全国のどこの児童相談所であっても、その業務に違いはないのだが、地域の組織力やノウハウの蓄積と質量ともに大きく違ったことは、印象的であった。

また、マクロ、ミクロの視点において、都市、地方都市には特有の課題があるといえる。ここでは、考え方を整理するために、大きく4つ（大都市型・都市型・地方都市県庁所在地型・地方都市型）に分類し、その人口規模を比較してみよう（表7-2）。

なお、4類型にあたって、次のように、仮に定義を付した。①大都市型とは、東京都23区。三大都市圏の中核市。②都市型とは、③地方都市県庁所在地型とは、②に属さない県庁所在地にある中核市。④地方都市型とは、いずれにも該当しない中核市である。

表7-2　人口規模と類型による都市の数の比較

	20万人未満	20万人以上30万人未満	30万人以上40万人未満	40万人以上50万人未満	50万人以上60万人未満	60万人以上	計
大都市型（23特別区）	3	7	4	1	3	5	23
都市型	0	2	10	5	4	1	22
地方都市県庁所在地型	1	5	8	7	1	1	23
地方都市型	1	6	4	2	0	0	13

今後、中核市児童相談所の設置が進むにつれて、さらに、その特徴や傾向がつかめるものと考える。2021年に設置する奈良市は三大都市圏にあり、表7-2の4類型においては、30万人以上の都市型児童相談所のカテゴリーに入る。

すでに、中核市で児童相談所を設置している横須賀市は、人口40万以上の都市型、金沢市は、人口40万人以上の地方都市県庁所在地型のカテゴリーに入る。なお、2019年4月に児童相談所を設置した明石市は、現在はわずかに人口30万人に満たないが、子育て世代を含め人口が増加している市であるため30万人都市型カテゴリーの類型に入れた。

この4つの類型から、人口20万人規模の地方都市県庁所在地型の青森市と都市型の大阪府八尾市の2016(平成28)年度実績の児童虐待相談対応相談件数を比較したのが、表7-3である。

人口規模では、ほぼ同じ青森市(児童虐待および入所児童数は東津軽郡を含む)と大阪府八尾市を比較してみると、児童虐待相談対応件数は、2倍以上の差がある。また、児童福祉施設の入所

表 7-3 青森市と大阪府八尾市の人口および児童虐待対応件数の比較

類型	市名	人口	児童人口	児童比率	児童虐待対応件数	児童福祉施設入所児童数
地方都市(県庁所在地型)	青森市	281,920	39,937	14.1%	234 件	15
都市型	八尾市	268,013	42,038	15.7%	515 件	53

＊平成 29 年 4 月 1 日現在の青森市・八尾市推計人口を基準として、平成 29 年青森県および大阪府の児童相談統計資料をもとに作成

児童数は、青森市が15人に対して、大阪府八尾市は、53人であり3・5倍の差がある。

児童人口に多少の差があるとしても、この表で示す青森市と八尾市は、人口規模と児童虐待相談件数や施設入所児童数が、比例しているとは言い難いことを証明している。つまり、児童虐待相談対応件数や施設入所児童数には、地域差があるといえる。また、法的対応件数を比較すれば、同様の結果が表われるであろう。都道府県単位になるが、大阪府(2016(平成28)年度実績)では、児童福祉法第28条請求42件、親権喪失1件、親権停止5件を家庭裁判所に申立てている。それに対して、青森県(同年実績)では、児童福祉法第28条請求は3件、親権消失・親権停止は、ともに申立てがなかった。表7-4に、2015年から2017年の間に、全国の児童相談所が、児童福祉法第28条第1項(新規)の申立てを行なった件数を示した。

上位5位は、大阪府を筆頭にほぼ同数の東京都と続き、大阪市以下いずれの自治体も大都市・都市部にある児童相談所である。

表7-4　児童相談所法的対応ランキング表［厚生労働省　2018より作成］

	法的対応上位5			法的対応下位5	
	自治体名	件数		自治体名	件数
1	大阪府	89	1	岩手県	0
2	東京都	86	2	仙台市	0
3	大阪市	39	3	金沢市	0
4	兵庫県	34	4	岡山県	0
5	埼玉県	31	5	新潟市	1

それに対して、申立てがなかった自治体は、岩手県、金沢市など地方都市である。法的対応件数は、このデータからも地域差があることがわかる。

もう一つ、地域の特異性を考えるうえで、次の事例がある。震災復興のために岩手県の児童相談所に派遣された大阪府の同僚の児童福祉司の報告では、当時、両親を亡くした震災孤児らは、施設に預けられることは稀であり、親族らが養育する傾向が強いということだった。2011（平成23）年の新聞記事によれば、岩手県内では、震災による孤児が57人、すべての児童が親族のもとに身を寄せているとある［朝日新聞　2011年4月26日］。ここには、地域の特徴として、親族等で自助・共助する考え方が背景にあるのだろう。

6 中核市等児童相談所の設置課題の構造

新たに児童相談所を設置すると決定すれば、近隣自治体の児童相談所、金沢市ないし横須賀市の児童相談所を視察し、業務移管元の都道府県の児童相談所に職員を派遣することが一般的である。奈良市の担当者から意見を聴取すると、「中核市の児童相談所モデルがなく困っている」と話を伺った。要するに、課題が散見されて整理できていないのだろう。

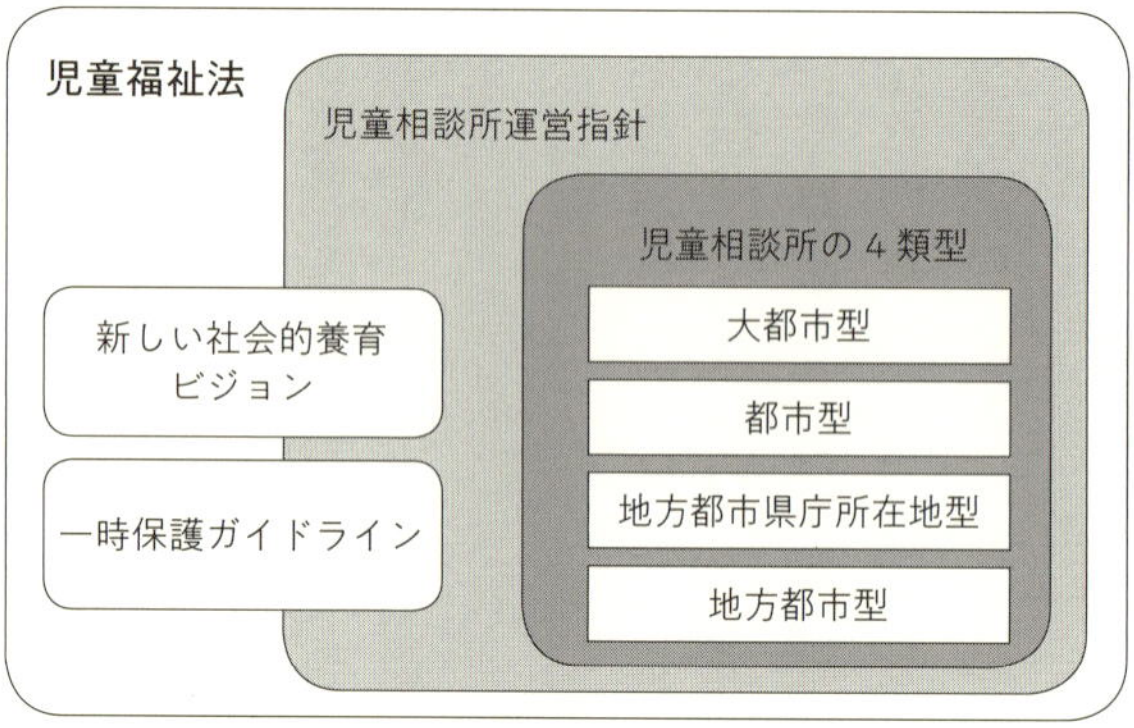

図 7-4　中核市等児童相談所設置課題の構造

人口規模だけであれば児童相談所の４類型をもって説明をすれば足りる。また、その地域の特性を熟知した地方公務員ならば、そのことは考慮するはずである。おそらく、課題はこれだけではないのだろう。

近年、子ども家庭福祉分野ほど大きな転換があった分野はない。その背景として、２０１６（平成28）年度に児童福祉法が改正され、それに伴って、２０１７年８月に「新しい社会的養育ビジョン」が公表、２０１８年７月に「一時保護ガイドライン」が示された。児童福祉の改善のため、次々と新しい基準が、打ち出されている。図７-４は、中核市等児童相談所設置課題の構造について、図式化したものである。

新たに設置する中核市のみならず児童相談所を設置している自治体は、２０１６年児童福祉法改正以降の新たな視点を取り入れた体制を整備しなければならず、さらに、児童虐待防止対策の強化に向けた国の緊急総合対策にも対応した体制整備が求められている。

ここに、既存の児童相談所を参考にして、そのまま取り入れることができない理由の一つがある。先行自治体の良い面を積極的に取り入れることは必要であるが、いずれにしても、そのまま援用することはできない。奈良市には、奈良市の得意とする分野がある。独自性を持ち合わせた児童相談所と一時保護所の設置を期待する。

7 児童相談所設置に関する基幹的課題

中核市が児童相談所をもつ最大のメリットは、市区町村のもつ子育て支援の機能等と児童相談所の機能を一元化することにある。基礎自治体は、住民基本台帳を管理し、母子保健、子育て支援サービス、生活保護、小中学校の教育等の情報や資源をもっている。いずれをとっても市が得意とするものである。それに対して、広域行政は、基礎自治体から個人情報を得たり、地域資源やサービスを使い、対応や支援につなげている。これにより、虐待対応を行なう広域行政と基礎自治体との間に、意思疎通のロスや齟齬が発生するという、二元制の問題が起こっている。

国は、市区町村に子育て世代包括支援センターの設置を推進し、従来の家庭児童相談室を改善するために、子ども家庭総合支援拠点を整備し、市区町村の体制強化を促している。さらに、市の組織の中に児童相談所を組み入れて、自治体として一体的な運営ができれば、切れ目のない支援や対応ができる。これこそ、新しい子ども家庭支援体制のあり方の一つではないだろうか。しかし、その体制整備には、いくつもの課題があるのも確かである。

ある自治体の担当者から介入部門と支援部門の機能分化（離）について、質問があった。まずは、児童相談所の組織の根幹である虐待対応部門を別組織型にするのか統合型にするのかを決定しなければならない。つまり、虐待に対応し介入をする担当と、その後の支援をする担当を分けるべきかを考える必要がある。国は、児童相談所の介入機能と支援機能の分化（離）について、2018年度内に児童相談所職員らへのヒヤリングや調査等を終えて、2019年の児童虐待防止法の改正において、支援と介入の機能分化（離）の体制を整えるように明記した。

筆者としては、臨床経験上、犯罪ケースを除いて、支援と介入は別物ではないとの立場であり、表裏一体と考えている。そのため、弱点を克服するためには、相談内容を振り分け整理するインテーク部門の強化によって、一定のアセスメントを行なう必要がある。重症度をトリアージして、ケースを精査すべきである。そのうえで、担当の児童福祉司がソーシャルワークを駆使し、対応や支援を進めていくべきものと考える。支援と介入については、第3章を振り返ってほしい。

8 4人の首長が語る「わがまちの子どもは、わがまちが護る」

現在、中核市には児童相談所の設置が義務化されていないため、設置するか否かの選択は、自治体の首長の判断によるといってよい。一つの大きな事業をするとなれば、人、もの、お金がかかる。たとえば、道路をつくるならば、計画に必要な人員、資材、それらを賄うためのお金が必要である。財政的に豊かな自治体の基準となる地方交付税不交付団体は、全国1718自治体の中で、東京都と70市町村程度である。

児童相談所を開設するとなれば、それなりにお金はかかる。ある自治体の関係者に聞いたところ、児童相談所と一時保護所にかかる建設コストは約9億3千万、それに対して国の補助金は約3億円程度にすぎない。つまり、市が持ち出しするお金は、約6億円以上になる計算である。設置が義務化されていないのであれば、要支援児童や社会的養護を必要とする一部の子どもたちのために、わざわざお金と人がかかる事業に手をあげる自治体は少ない。

中核市が児童相談所を設置するメリットは、基礎自治体のもつ福祉サービスを活用し、児童虐待の予防から早期発見、支援、介入、対応と、一元化のメリットを最大限に活かす有用な児童虐待防止対策となることである。このことは、金沢市児童相談所長が、「基礎自治体だからこそできること」と題して、そのメリットを『厚生福祉』［今寺　2019］の中で答えている。

国の政策としての要保護児童の分野は、高齢者福祉の分野ように、広く一定の層が対象となるものではない。つまり、選挙では票にならない分野である。だから、これまでこの分野に力を入れる首長は少なかった。

ここで、中核市に児童相談所を設置した、4人の首長の言葉を紹介したい。

金沢市　山出　保　「金沢市の子どもは、金沢市が護る」
横須賀市　沢田　秀男　「横須賀市の子どもは、横須賀市が護る」
明石市　泉　房穂　「救える命が必ずある。市民に近い基礎自治体が、責任を果たしたい」
奈良市　仲川　元庸　「子どもの問題に一気通貫で対応できる」

かつて金沢市の市長であった山出氏は、市の職員を経て首長となった方である。この方の功績は大きい。筆者が金沢市職員の頃、当時、斬新なことをする市長だなと思いながら、「ほんまに大丈夫なのか」と心配もした。その一つが、金沢21世紀美術館の建設であった。今さら、金沢市の一等地に「箱物」を建ててどうするのか。時代錯誤も甚だしいと思っていた。「賑わい創出」というが、建設コストを賄うことなどできないだろうし、市財政の「喪失」と違うのかと思っていた。しかし、山出氏には先見の明があった。今や、金沢21世紀美術館は、まさに金沢市の賑わいを創出する施設として役割を果たし、稼ぎ手となっている。

もう一つが中核市初の児童相談所であった。筆者は、当時、正直な思いとして、「何でこんな厄介な仕事を引き受けるんや、ええ加減にしてほしいわ」と思った。２００４（平成16）年の大阪府で起こった岸和田事件のこともあり、そんな面倒な仕事は、都道府県の仕事であり、石川県にさせておいたらいいのに、わざわざ、基礎自治体の金沢市が引き受ける必要などはないと思っていた。

しかし、それは違った。児童相談所の仕事を始めたあと、基礎自治体が設置するメリットを知ることになった。そして、基礎自治体が設置する児童相談所の意義は、山出氏が語った「金沢市の子どもは、金沢市が護る」の言葉に込められており、その言葉は、今も忘れられない。

要支援児童や社会的養護の必要な子どもを丁寧にみていこうと思えば、福祉サービスを有する基礎自治体が率先して行なうべきである。重篤な児童虐待を深刻化させないためには、支援が欠かせない、支援に結びつけようとするならば基礎自治体が実施すべきである。基礎自治体は、地域資源を十分に活用した取り組みができ、迅速な対応や一時保護ができる。

明石市の児童相談所の開所式にあたり泉房穂市長の挨拶に「まさに、街のみんなで、一人残らず子どもたちをしっかりと支えていくんだ、寄り添っていくんだというスタート」という言葉があった。明石市は、全国の中核市３番目、関西では初となる児童相談所である。２００６（平成18）年に金沢市や横須賀市が設置して以降、13年もの間、中核市の児童相談所は設置されなかったが、子育て支援を強調した首長が現われ、中核市の児童相談所開設の空白期を止めた。泉氏の功績も高い。

児童相談所の設置数が少ないから、中核市の児童相談所を増やすことを目的にしているわけではない。基礎自治体が児童相談所を設置することによって、よりきめ細やかな子どもの福祉の対応ができるのである。このことをわかっている首長は、多少、お金がかかったとしても、また、専門職の人材確保や養成に苦慮しても、自ら汗を流すだろう。人とお金を言い訳にしているかぎり、児童相談所はできないし、子どもを虐待から護ることもできない。

要保護児童の子どもたちがならぶ行列を解消する方策の一つに、中核市への児童相談所の設置が望まれる。児童相談所を管轄する人口規模が１００万人を超えているならば、きめ細やかな対応などできるはずがない。ぜひ、コンパクトな機能性の高い中核市の児童相談所をみてほしい。

ある関係者から、なぜ、多くの自治体関係者等が金沢市の児童相談所を視察にくるのか、学問的な立場から説明せよと言われたことがある。ここにも視察という行列ができているのかと思いながらも、「金沢市は、地方都市であり都市部の児童相談所とは違った、一つのモデルになるからだ」と説明した。同時に「実は、11月から2月頃が視察のピークになるのではないですか?」と話すと、その方は笑っておられた。北陸では、カニのシーズンが到来する季節である。その期間は、いっそう観光客が増える。もちろん、視察が悪いわけではない。中核市の児童相談所は、そのメリットを公開して、これから設置を考える自治体に提供し、有用性を発信していくことが必要である。

しかし、中核市に児童相談所を設置するのは財政的にも人材の確保に関しても、今の状況では難しい場合もある。中には、設置が難しい理由を視察によって見つけだし、ここから根拠資料を作成する自治体もあった。もはや、このような自治体はなくなったと思われるが、子どもたちを護るために、どうか前向きに考えてほしい。児童相談所の設置数は、絶対的に不足している。自治体は子どもを権利の主体とした対策を講じてほしい。また、国は、自治体が要望する人材確保の対策のため、質の高い専門職の人材養成の仕組みや研修体制に本腰で財政を投入してほしいと切に望む。[*2]

［註］

*1 熊本市は、2010（平成22）年から2012（平成24）年の政令指定都市に移行するまでの間、一時的に中核市として児童相談所を設置していた。

*2 第7章の一部は、筆者執筆の「中核市等児童相談所設置における課題」甲南女子大学研究紀要Ⅰ　第55号33－41頁、2019年を、加筆修正したものである。

［文　献］

朝日新聞（２０１１年４月26日）「両親をなくした震災孤児は57人　県内まとめ　東日本大震災／岩手県」

朝日新聞（２０１９年２月23日）「柏市が児童相談所設置へ　市長「具体的に検討」」

今寺誠（２０１９）「基礎自治体だからこそできること」『厚生福祉』第８号　７頁

川並利治・井上景（２０１７）「児童相談所設置に向けた中核市の課題と提言」『花園大学社会福祉学部研究紀要』第25号　34頁

官庁速報（２０１６）「特集・児童相談所アンケート」　平成28年５月27日（電子版）

厚生労働省（２０１８）「平成30年度全国児童福祉主管課長・児童相談所長会議資料」　https://www.mhlw.go.jp/content/11900000/000349860.pdf

厚生労働省（２０１９ａ）「児童虐待防止対策の状況について」　https://www.mhlw.go.jp/content/11920000/000536278.pdf

厚生労働省（２０１９ｂ）「児童相談所設置検討連絡会資料」

厚生労働省子ども家庭局（２０１９）「児童家庭福祉の動向と課題」　http://www.crc-japan.net/contents/situation/pdf/201804.pdf

ＴＨＥ ＰＡＧＥ（２０１９年３月31日）「東京23区で唯一、練馬区が児童相談所の設置を表明しない理由」　https://headlines.yahoo.co.jp/hl?a=20190331-00010001-wordleaf-pol&p=1

中核市市長会ホームページ（２０１９年１月23日）　http://www.chuukakushi.gr.jp/docs/2019012900015/

Wada, I., & Igarashi, A.（2014）The social costs of child abuse in japan. *Children and Youth Servuces Review*, *46*, 72-77.

Column 7

二足の草鞋《わらじ》から学ぶ

大変な仕事ほど意味がある。意味があれば、大変な仕事を回避してはならない。

ノウハウのない中で新たに児童相談所を開設することは、並大抵のことではない。金沢市役所では、その開設準備の仕事をさせてもらった。日中は、石川県の出向職員、夜間休日は、金沢市の職員として役割を果たし、二足の草鞋を履いて仕事をしていた。今なお、その当時、苦労を共にしたメンバーとは連絡を取り合いつながりを継続している。

中核市等の基礎自治体がもつ児童相談所が増えない理由は何だろうか。筆者を含めて研究者や実践者はそのメリットを論じている。少しずつではあるが、設置を目指す自治体が増えてきた。誰のために仕事をしているのか、自治体の首長が発言した記事を読めばよくわかる。二足の草鞋を履けば、少なくとも2つのアプローチで物事を見ることができる。意見が衝突しない現場などない。主軸は何かと考えれば、子どもの最善の利益になっているかどうかである。大人の利害関係によって、子どもに不利益があってはならない。真に子どもの最善の利益になっているのであれば、大変な仕事であろうと推進すべきであり、そうでなければ、再考すべきである。

今から思えば、筆者は、いろいろな意見が対立する難しいケースワークの場面で、各機関の方や保護者、子どもたちに調整力や判断力をつけさせてもらったと思う。振り返って、今、ここに筆者がいるのは、これまでのつながりによってだ。そう思えば、何かしら、これまでの経験を還元していくときかもしれない。表面的な動向に惑わされず、軸足を地につけて多角的な視点をもち続けたい。

おわりに

年間約70人の子どもたちが虐待によって亡くなっている。これまでに虐待によって亡くなった子どもたちのご冥福をお祈りしたい。

本書を読まれて、児童相談所に行列ができる理由や背景が、少しでもみえただろうか。報道されている内容には、表面的な児童相談所の姿が映っている。現場の児童福祉司は、理想を述べる専門家の発言に疑問を感じながら、現場をよくわかっていれば、その発言にはならないだろうと冷めた思いでみている。しかし、児童相談所のことを理解する人がコメンテーターに入っていれば、「そんなことはできない」と言ってしまうかもしれない。それでは、解決にはならない。決して、専門家の発言がおかしいのではない。当然だが、その専門的知見からあるべき姿を論じているのである。筆者も委員会に呼ばれることがあるが、その際は、正論を発言する。もといた児童相談所の先輩や同僚が聞いていたならば「あたりまえのことを言うな」「お前はできていたのか」と問い詰められそうである。

専門家は、その専門分野としては、知見を有する第一人者である。児童相談所の全体像から細部にわたってわかっている専門家など残念ながらごくわずかである。むしろ、全体像を語るのであれば現場にいる熟練の児童福祉司のほうが専門家よりも見識は高い。だからこそ、現場のものが、もっともっと現状を伝えるべきである。

筆者は、都市部の大阪府と地方都市の金沢市の児童福祉司や児童指導員として活動してきたが、わずか十数年という経験であり、児童相談所や一時保護所に熟練したものとはいえない。本書で取り扱った事例は、これまでの経験を踏まえフィクションにして書いたが、現場の状況は、可能なかぎりリアリティある内容にして、ありのままを描いた。報道ではみえない児童相談所の現場や社会的養護の必要な子どもたちのことを知ってもらいたいからである。

本書を読まれる前の児童相談所は、いつも所長が謝罪会見に現われて謝っているような、いい加減な機関とイメージされていた方もいたと思う。本書を読むことで、児童相談所の実態やその裏側を少しはイメージすることができただろうか。また、理解しやすいように最新のデータを用いて根拠を説明したが、なるほど、このような仕組みになっているのか、と少しでもわかってもらえただろうか。

本書は、単に児童相談所の実態を伝えることだけが目的ではない。現場の裏側を知ることで、増え続ける児童虐待の解決のヒントが見つかるかもしれない。また、児童相談所の取り扱う社会的養護の必要な子どもたちや要保護児童の子どもたちのおかれている現状を知ることで、広い視野から何らかの対策が打てるようになるかもしれない。

児童相談所は、センシティブな個人情報を取り扱っている機関である。しかし、少しずつであるが、テレビ取材に応じている自治体もでてきた。正直なところ、全国で一番ガードの固い大阪府の児童相談所がＮＨＫの取材に応じていた（「ＳＴＯＰこども虐待　密着！　一時保護の現場」２０１８年11月14日放送）ことは、驚きを隠せない。この背景には、広く市民の方に児童相談所や社会的養護の必要な子どもたちがおかれている現状を少しでも伝えたいという、当時の管理職らの思いがあったのだろう。

しかし、現職の公務員が、児童相談所の実態を伝えられる範囲は限られている。だからこそ、現場の状況を正確に伝えられる立場のものが、説明し発信していくべきなのかもしれない。その中で、時には、現場に批判的なメッセージを送ることも大切である。ただ、批判ばかりしても、批判は反発を誘発し問題解決を遅らせることになる。感情的になるのではなく、子どものためになるのか、ならないのかと、基本に立ち返って、理解を得るための根拠をしっかりと示さなければならない。

本書では、児童相談所に行列ができている理由を述べてきた。それは、増え続ける児童虐待対応に児童相談所の業務が一極集中しているからである。児童相談所は、子どもに関するすべての相談を受け付け、子どもの相談と権利擁護の専門機関として位置づけられ、責務を負っている。地域差はあるが、厄介な仕事も容易な仕事も、何もかも児童相談所が担っている。行列の解消のためには、情報の集中と業務の分散がされなければならない。しかし、業務の分散ができていない。

一つの解決策としては、中核市に児童相談所をつくることが有用である。第7章で中核市の児童相談所設置の意義を論じてきた。決して、単に児童相談所の数を増やせばよいというわけではなく、基礎自治体が児童相談所を設置することには、一元制のメリットがある。ここが検証される必要がある。

中核市に児童相談所を設置するにはハードルが高いと思われている。これまで設置した自治体は、「わがまちの子どもは、わがまちが護る」と言ったリーダーシップの高い首長がいる市に限られていた。決して、児童相談所は、政治家にとって票になるものではない。謝罪会見をすることになるかもしれないなんていやだと思う首長もいるだろう。計算高い人ならば、高齢者福祉の政策を推進するほうが、確実に票を獲得できる。

しかし、これからも子どもの福祉を人任せにする自治体では、児童虐待が起こり、凄惨な児童虐待事案を繰り返されるだろう。しかし、児童相談所は、危ない自治体に対しては手厚い対応をしている。任せられないと思っている。また逆に、基礎自治体側も危ない児童相談所に対しては、経過報告を絶やさない。このような齟齬・ロス・組織防衛をなくすには、一元化によって、きめ細やかに対応のできる基礎自治体がもつ中核市等に児童相談所を設置することが望まれる。

これまでの経験から児童虐待が減少しない要因は、３つあると考える。

１　人任せにしている
２　大人の都合による対応をしている
３　社会構造上の欠陥による問題がある

そして、児童虐待を解決するために反省の意味を込めて、次の３つを提言したい。

１　人任せによって子どもの命が奪われてはならない
２　大人の都合によって子どもの人生が変えられてはならない
３　国や自治体は、社会構造上の欠陥に対して責任をもって対策を講じなければならない

そして、子どもを主体に考え、何事に対しても、人は利害関係によらない行動をとらなけ

ればならない。社会的養護が必要な子どもたちは、社会構造上の欠陥があるかぎり、決してなくならない。社会構造の欠陥が生じることは、やむを得ないと直視すべきであり、そこに問題を焦点化してもナンセンスである。それを補完するために社会福祉の制度がある。社会福祉や子ども家庭福祉の制度に欠陥があれば、スピード感をもって改正しなければならないし、対策を講じるためには、真に子どもたちのためになる調査研究も必要である。

これまでに、数えきれない子どもたちと出会ってきた。自分が担当していた子どもが、数年後、一時保護されて保護所で再会することもあった。当時の児童福祉司としての質の悪さ、ケースワークの力量不足が、この子どもの人生を変えたと思うと、ほんとうに申し訳ないと思った。

不遇にも劣悪な環境のもとで育っている子どもたちは少なくない。国民生活基礎調査によれば、2015年調査の相対的貧困率は、15・7%であると報告されている。貧困と児童虐待は関連しているともいわれている。

児童福祉司の仕事では、そのような環境で育った多くの子どもたちと出会う。一時保護所で寝食をともにした子どもたちのことを考えると、彼らには何ら罪はないのであるが、理解のない大人からは厄介な子どもとして、取り扱われてしまう。もしくは、かわいそうな子どもとして、客体としてとらえられている。社会的養護の必要な子どもたちを見捨てるような社会であってはならない。

虐待の連鎖があるというが、虐待にいたった保護者の成育歴を尋ねると、保護者自身も被虐待歴があり、大切な子ども期に適切な支援を受けていないことが多い。虐待の連鎖は、現象として虐待する親から子どもに引き継がれているととらえられている。これは事実である。しかし、今ある児童虐待は、大人の人任せによってその連鎖が生じているのではないだろうか。つまり、虐待の連鎖は、個人の問題ではなく大人の都合によって引き継がれた社会問題だととらえるべきなのである。もし、真に虐待のない社会をつくるとするならば、大人は、子ども虐待を人任せにせず、大切な子ども期に適切な支援のできる対策を講じる必要がある。そのうえで、最も大切なことは、子どもが権利の主体と考え、大人がいろいろな意味でパラダイム転換をしていくことである。

謝辞

金沢市の児童相談所開設準備室を経て、私が最初に児童相談所へ配属されたのは、2006（平成18）年4月であった。2004（平成16）年の児童福祉法改正にともない、中核市においても児童相談所を設置できる規定が設けられた。「金沢市の子どもは、金沢市が護る」との山出保《やまでたもつ》元金沢市長の強い意志で設置された中核市初の児童相談所である。この精神は、私の福祉観を変えた言葉である。

本書の執筆のもとになった知見は、当時の金沢市職員の方や派遣先でお世話になった石川県職員の方から現場臨床の中で指導をしていただいた。その後、日本一の児童虐待のまち大阪府では、多くの先輩や同僚の児童福祉司・児童指導員に助けられ、本書ではその事例をフィクションにして書かせてもらった。また、研究のために、奈良市児童相談所設置準備室や明石こどもセンターの職員の方に資料や情報の提供にご配慮をいただいた。これまでを振り返ってみると、多くの人とのつながりによって支えてもらっていることに気づかされる。本書は、そのつながりと多くの人の協力によって完成したものだと思う。

末筆ながら、本書の執筆に関して助言をいただいた金沢星稜大学教授の川並利治氏、明石市こども局長の佐野洋子氏、本書の執筆の調整に翻弄された北大路書房の若森乾也氏に深謝を申し上げたい。

井上　景

資料編

児童福祉法

＊2019（令和元）年改正版

【児童相談所に関する主な児童福祉法】

第一条　全て児童は、児童の権利に関する条約の精神にのつとり、適切に養育されること、その生活を保障されること、愛され、保護されること、その心身の健やかな成長及び発達並びにその自立が図られることその他の福祉を等しく保障される権利を有する。

第二条　全て国民は、児童が良好な環境において生まれ、かつ、社会のあらゆる分野において、児童の年齢及び発達の程度に応じて、その意見が尊重され、その最善の利益が優先して考慮され、心身ともに健やかに育成されるよう努めなければならない。

②　児童の保護者は、児童を心身ともに健やかに育成することについて第一義的責任を負う。

③　国及び地方公共団体は、児童の保護者とともに、児童を心身ともに健やかに育成する責任を負う。

第三条　前二条に規定するところは、児童の福祉を保障するための原理であり、この原理は、すべて児童に関する法令の施行にあたつて、常に尊重されなければならない。

第一節　国及び地方公共団体の責務

第三条の二　国及び地方公共団体は、児童が家庭において心身ともに健やかに養育されるよう、児童の保護者を支援しなければならない。ただし、児童及びその保護者の心身の状況、これらの者の置かれている環境その他の状況を勘案し、児童を家庭において養育することが困難であり又は適当でない場合にあつては児童が家庭における養育環境と同様の養育環境において継続的に養育されるよう、児童を家庭及び当該養育環境において養育することが適当でない場合にあつては児童ができる限り良好な家庭的環境において養育されるよう、必要な措置を講じなければならない。

第三条の三 市町村（特別区を含む。以下同じ。）は、児童が心身ともに健やかに育成されるよう、基礎的な地方公共団体として、第十条第一項各号に掲げる業務の実施、障害児通所給付費の支給、第二十四条第一項の規定による保育の実施その他この法律に基づく児童の身近な場所における児童の福祉に関する支援に係る業務を適切に行わなければならない。

第十二条 都道府県は、児童相談所を設置しなければならない。

② 児童相談所の管轄区域は、地理的条件、人口、交通事情その他の社会的条件について政令で定める基準を参酌して都道府県が定めるものとする。

③ 児童相談所は、児童の福祉に関し、主として前条第一項第一号に掲げる業務（市町村職員の研修を除く。）並びに同項第二号（イを除く。）及び第三号に掲げる業務並びに障害者の日常生活及び社会生活を総合的に支援するための法律第二十二条第二項及び第三項並びに第二十六条第一項に規定する業務を行うものとする。

④ 都道府県は、児童相談所が前項に規定する業務のうち法律に関する専門的な知識経験を必要とするものを適切かつ円滑に行うことの重要性に鑑み、児童相談所における弁護士の配置又はこれに準ずる措置を行うものとする。

⑤ 児童相談所は、必要に応じ、巡回して、第二項に規定する業務（前条第一項第二号ホに掲げ

る業務を除く。）を行うことができる。

⑥　児童相談所長は、その管轄区域内の社会福祉法に規定する福祉に関する事務所（以下「福祉事務所」という。）の長（以下「福祉事務所長」という。）に必要な調査を委嘱することができる。

⑦　都道府県知事は、第三項に規定する業務の質の評価を行うことその他必要な措置を講ずることにより、当該業務の質の向上に努めなければならない。

⑧　国は、前項の措置を援助するために、児童相談所の業務の質の適切な評価の実施に資するための措置を講ずるよう努めなければならない。

第十二条の二　児童相談所には、所長及び所員を置く。

②　所長は、都道府県知事の監督を受け、所務を掌理する。

③　所員は、所長の監督を受け、前条に規定する業務をつかさどる。

④　児童相談所には、第一項に規定するもののほか、必要な職員を置くことができる。

第十二条の三　児童相談所の所長及び所員は、都道府県知事の補助機関である職員とする。

②　所長は、次の各号のいずれかに該当する者でなければならない。

一　医師であつて、精神保健に関して学識経験を有する者

二　学校教育法に基づく大学又は旧大学令（大正七年勅令第三百八十八号）に基づく大学において、心理学を専修する学科又はこれに相当する課程を修めて卒業した者

三　社会福祉士

四　精神保健福祉士

五　公認心理師

六　児童の福祉に関する事務をつかさどる職員（以下「児童福祉司」という。）として二年以上勤務した者又は児童福祉司たる資格を得た後二年以上所員として勤務した者

七　前各号に掲げる者と同等以上の能力を有すると認められる者であつて、厚生労働省令で定めるもの

③　所長は、厚生労働大臣が定める基準に適合する研修を受けなければならない。

④　相談及び調査をつかさどる所員は、児童福祉司たる資格を有する者でなければならない。

⑤　判定をつかさどる所員の中には、第二項第一号に該当する者又はこれに準ずる資格を有する者及び同項第二号に該当する者又はこれに準ずる資格を有する者が、それぞれ一人以上含まれなければならない。

⑥　心理に関する専門的な知識及び技術を必要とする指導をつかさどる所員の中には、第二項第一号に該当する者若しくはこれに準ずる資格を有する者、同項第二号に該当する者若しくはこれに準ずる資格を有する者又は同項第五号に該当する者が含まれなければならない。

⑦　前項に規定する指導をつかさどる所員の数は、政令で定める基準を標準として都道府県が定めるものとする。

⑧　児童の健康及び心身の発達に関する専門的な知識及び技術を必要とする指導をつかさどる所員の中には、医師及び保健師が、それぞれ一人以上含まれなければならない。

第十二条の四　児童相談所には、必要に応じ、児童を一時保護する施設を設けなければならない。

第十三条　都道府県は、その設置する児童相談所に、児童福祉司を置かなければならない。

② 児童福祉司の数は、政令で定める基準を標準として都道府県が定めるものとする。
③ 児童福祉司は、都道府県知事の補助機関である職員とし、次の各号のいずれかに該当する者のうちから、任用しなければならない。
一 都道府県知事の指定する児童福祉司若しくは児童福祉施設の職員を養成する学校その他の施設を卒業し、又は都道府県知事の指定する講習会の課程を修了した者
二 学校教育法に基づく大学又は旧大学令に基づく大学において、心理学、教育学若しくは社会学を専修する学科又はこれらに相当する課程を修めて卒業した者（当該学科又は当該課程を修めて同法に基づく専門職大学の前期課程を修了した者を含む）であつて、厚生労働省令で定める施設において一年以上相談援助業務（児童その他の者の福祉に関する相談に応じ、助言、指導その他の援助を行う業務をいう。第七号において同じ。）に従事したもの
三 医師
四 社会福祉士
五 精神保健福祉士
六 公認心理師
七 社会福祉主事として二年以上相談援助業務に従事した者であつて、厚生労働大臣が定める講習会の課程を修了したもの
八 前各号に掲げる者と同等以上の能力を有すると認められる者であつて、厚生労働省令で定めるもの
④ 児童福祉司は、児童相談所長の命を受けて、児童の保護その他児童の福祉に関する事項について、相談に応じ、専門的技術に基づいて必要な指導を行う等児童の福祉増進に努める。
⑤ 児童福祉司の中には、他の児童福祉司が前項

の職務を行うために必要な専門的技術に関する指導及び教育を行う児童福祉司（次項及び第7項において「指導教育担当児童福祉司」という。）が含まれなければならない。
⑥　指導教育担当児童福祉司は、児童福祉司としておおむね5年以上勤務したものであつて、厚生労働大臣が定める基準に適合する研修の課程を修了したものでなければならない。
⑦　指導教育担当児童福祉司の数は、政令で定める基準を参酌して都道府県が定めるものとする。
⑧　児童福祉司は、児童相談所長が定める担当区域により、第四項の職務を行い、担当区域内の市町村長に協力を求めることができる。
⑨　児童福祉司は、厚生労働大臣が定める基準に適合する研修を受けなければならない。
⑩　第三項第一号の施設及び講習会の指定に関し必要な事項は、政令で定める。
第十四条　市町村長は、前条第四項に規定する事項に関し、児童福祉司に必要な状況の通報及び資料の提供並びに必要な援助を求めることができる。
②　児童福祉司は、その担当区域内における児童に関し、必要な事項につき、その担当区域を管轄する児童相談所長又は市町村長にその状況を通知し、併せて意見を述べなければならない。
第十五条　この法律で定めるもののほか、児童福祉司の任用叙級その他児童福祉司に関し必要な事項は、命令でこれを定める。
第二十五条　要保護児童を発見した者は、これを市町村、都道府県の設置する福祉事務所若しくは児童相談所又は児童委員を介して市町村、都道府県の設置する福祉事務所若しくは児童相談所に通告しなければならない。ただし、罪を犯した満十四歳以上の児童については、この限りでない。この場合においては、これを家庭裁判所に通告しなければならない。

② 刑法の秘密漏示罪の規定その他の守秘義務に関する法律の規定は、前項の規定による通告をすることを妨げるものと解釈してはならない。

第二十五条の二 地方公共団体は、単独で又は共同して、要保護児童（第三十一条第四項に規定する延長者及び第三十三条第十項に規定する保護延長者（次項において「延長者等」という。）を含む。次項において同じ。）の適切な保護又は要支援児童若しくは特定妊婦への適切な支援を図るため、関係機関、関係団体及び児童の福祉に関連する職務に従事する者その他の関係者（以下「関係機関等」という。）により構成される要保護児童対策地域協議会（以下「協議会」という。）を置くように努めなければならない。

② 協議会は、要保護児童若しくは要支援児童及びその保護者（延長者等の親権を行う者、未成年後見人その他の者で、延長者等を現に監護する者を含む。）又は特定妊婦（以下この項及び第五項において「支援対象児童等」という。）に関する情報その他要保護児童の適切な保護又は要支援児童若しくは特定妊婦への適切な支援を図るために必要な情報の交換を行うとともに、支援対象児童等に対する支援の内容に関する協議を行うものとする。

③ 地方公共団体の長は、協議会を設置したときは、厚生労働省令で定めるところにより、その旨を公示しなければならない。

④ 協議会を設置した地方公共団体の長は、協議会を構成する関係機関等のうちから、一に限り要保護児童対策調整機関を指定する。

⑤ 要保護児童対策調整機関は、協議会に関する

事務を総括するとともに、支援対象児童等に対する支援が適切に実施されるよう、厚生労働省令で定めるところにより、支援対象児童等に対する支援の実施状況を的確に把握し、必要に応じて、児童相談所、養育支援訪問事業を行う者、母子保健法第二十二条第一項に規定する母子健康包括支援センターその他の関係機関等との連絡調整を行うものとする。

⑥ 市町村の設置した協議会（市町村が地方公共団体（市町村を除く。）と共同して設置したものを含む。）に係る要保護児童対策調整機関は、厚生労働省令で定めるところにより、専門的な知識及び技術に基づき前項の業務に係る事務を適切に行うことができる者として厚生労働省令で定めるもの（次項及び第八項において「調整担当者」という。）を置くものとする。

⑦ 地方公共団体（市町村を除く。）の設置した協議会（当該地方公共団体が市町村と共同して設置したものを除く。）に係る要保護児童対策調整機関は、厚生労働省令で定めるところにより、調整担当者を置くように努めなければならない。

⑧ 要保護児童対策調整機関に置かれた調整担当者は、厚生労働大臣が定める基準に適合する研修を受けなければならない。

第二十六条 児童相談所長は、第二十五条第一項の規定による通告を受けた児童、第二十五条の七第一項第一号若しくは第二項第一号、前条第一号又は少年法（昭和二十三年法律第百六十八号）第六条の六第一項若しくは第十八条第一項の規定による送致を受けた児童及び相談に応じた児童、その保護者又は妊産婦について、必要があると認めたときは、次の各号のいずれかの措置を採らなければならない。

一　次条の措置を要すると認める者は、これを都道府県知事に報告すること。

二　児童又はその保護者を児童相談所その他の関係機関若しくは関係団体の事業所若しくは事務所に通わせ当該事業所若しくは事務所において、又は当該児童若しくはその保護者の住所若しくは居所において、児童福祉司若しくは児童委員に指導させ、又は市町村、都道府県以外の者の設置する児童家庭支援センター、都道府県以外の障害者の日常生活及び社会生活を総合的に支援するための法律第五条第十八項に規定する一般相談支援事業若しくは特定相談支援事業（次条第一項第二号及び第三十四条の七において「障害者等相談支援事業」という。）を行う者その他当該指導を適切に行うことができる者として厚生労働省令で定めるものに委託して指導させること。

三　児童及び妊産婦の福祉に関し、情報を提供すること、相談（専門的な知識及び技術を必要とするものを除く。）に応ずること、調査及び指導（医学的、心理学的、教育学的、社会学的及び精神保健上の判定を必要とする場合を除く。）を行うことその他の支援（専門的な知識及び技術を必要とするものを除く。）を行うことを要すると認める者（次条の措置を要すると認める者を除く。）は、これを市町村に送致すること。

四　第二十五条の七第一項第二号又は前条第二号の措置が適当であると認める者は、これを福祉事務所に送致すること。

五　保育の利用等が適当であると認める者は、これをそれぞれその保育の利用等に係る都道府県又は市町村の長に報告し、又は通知すること。

六　児童自立生活援助の実施が適当であると認める児童は、これをその実施に係る都道府県知事に報告すること。
七　第二十一条の六の規定による措置が適当であると認める者は、これをその措置に係る市町村の長に報告し、又は通知すること。
八　放課後児童健全育成事業、子育て短期支援事業、養育支援訪問事業、地域子育て支援拠点事業、子育て援助活動支援事業、子ども・子育て支援法第五十九条第一号に掲げる事業その他市町村が実施する児童の健全な育成に資する事業の実施が適当であると認める者は、これをその事業の実施に係る市町村の長に通知すること。
② 前項第一号の規定による報告書には、児童の住所、氏名、年齢、履歴、性行、健康状態及び家庭環境、同号に規定する措置についての当該児童及びその保護者の意向その他児童の福祉増進に関し、参考となる事項を記載しなければならない。

第二十七条　都道府県は、前条第一項第一号の規定による報告又は少年法第十八条第二項の規定による送致のあつた児童につき、次の各号のいずれかの措置を採らなければならない。
一　児童又はその保護者に訓戒を加え、又は誓約書を提出させること。
二　児童又はその保護者を児童相談所その他の関係機関若しくは関係団体の事業所若しくは事務所に通わせ当該事業所若しくは事務所において、又は当該児童若しくはその保護者の住所若しくは居所において、児童福祉司、知的障害者福祉司、社会福祉主事、児童委員若しくは当該都道府県の設置する児童家庭支援センター若しくは当該都道府県が行う障害者等相談支援事業に係る職員に指導させ、又は市町村、当該都道府県以外の者の設置する児童家庭支援センター、当該都道府県以外の障害者等相談支援事業を行う者若しくは前条第一項第二号に規定する厚生労働省令で定める者に委託して指導させること。

三　児童を小規模住居型児童養育事業を行う者若しくは里親に委託し、又は乳児院、児童養護施設、障害児入所施設、児童心理治療施設若しくは児童自立支援施設に入所させること。

四　家庭裁判所の審判に付することが適当であると認める児童は、これを家庭裁判所に送致すること。

② 都道府県は、肢体不自由のある児童又は重症心身障害児については、前項第三号の措置に代えて、指定発達支援医療機関に対し、これらの児童を入院させて障害児入所施設（第四十二条第二号に規定する医療型障害児入所施設に限る。）におけると同様な治療等を行うことを委託することができる。

③ 都道府県知事は、少年法第十八条第二項の規定による送致のあつた児童につき、第一項の措置を採るにあたつては、家庭裁判所の決定による指示に従わなければならない。

④ 第一項第三号又は第二項の措置は、児童に親権を行う者（第四十七条第一項の規定により親権を行う児童福祉施設の長を除く。以下同じ。）又は未成年後見人があるときは、前項の場合を除いては、その親権を行う者又は未成年後見人の意に反して、これを採ることができない。

⑤ 都道府県知事は、第一項第二号若しくは第三号若しくは第二項の措置を解除し、停止し、又は他の措置に変更する場合には、児童相談所長の意見を聴かなければならない。

⑥ 都道府県知事は、政令の定めるところにより、第一項第一号から第三号までの措置（第三項の規定により採るもの及び第二十八条第一項第一

号又は第二号ただし書の規定により採るものを除く。）若しくは第二項の措置を採る場合又は第一項第二号若しくは第三号若しくは第二項の措置を解除し、停止し、若しくは他の措置に変更する場合には、都道府県児童福祉審議会の意見を聴かなければならない。

第二十七条の二　都道府県は、少年法第二十四条第一項又は第二十六条の四第一項の規定により同法第二十四条第一項第二号の保護処分の決定を受けた児童につき、当該決定に従つて児童自立支援施設に入所させる措置（保護者の下から通わせて行うものを除く。）又は児童養護施設に入所させる措置を採らなければならない。

② 前項に規定する措置は、この法律の適用については、前条第一項第三号の児童自立支援施設又は児童養護施設に入所させる措置とみなす。ただし、同条第四項及び第六項（措置を解除し、停止し、又は他の措置に変更する場合に係る部分を除く。）並びに第二十八条の規定の適用については、この限りでない。

第二十七条の三　都道府県知事は、たまたま児童の行動の自由を制限し、又はその自由を奪うような強制的措置を必要とするときは、第三十三条、第三十三条の二及び第四十七条の規定により認められる場合を除き、事件を家庭裁判所に送致しなければならない。

第二十七条の四　第二十六条第一項第二号又は第二十七条第一項第二号の規定により行われる指導（委託に係るものに限る。）の事務に従事する者又は従事していた者は、その事務に関して知り得た秘密を漏らしてはならない。

第二十八条　保護者が、その児童を虐待し、著しくその監護を怠り、その他保護者に監護させることが著しく当該児童の福祉を害する場合において、第二十七条第一項第三号の措置を採ることが児童の親権を行う者又は未成年後見人の意に反するときは、都道府県は、次の各号の措置を採ることができる。

一　保護者が親権を行う者又は未成年後見人であるときは、家庭裁判所の承認を得て、第二十七条第一項第三号の措置を採ること。

二　保護者が親権を行う者又は未成年後見人でないときは、その児童を親権を行う者又は未成年後見人に引き渡すこと。ただし、その児童を親権を行う者又は未成年後見人に引き渡すことが児童の福祉のため不適当であると認めるときは、家庭裁判所の承認を得て、第二十七条第一項第三号の措置を採ること。

②　前項第一号及び第二号ただし書の規定による措置の期間は、当該措置を開始した日から二年を超えてはならない。ただし、当該措置に係る保護者に対する指導措置（第二十七条第一項第二号の措置をいう。以下この条並びに第三十三条第二項及び第九項において同じ。）の効果等に照らし、当該措置を継続しなければ保護者がその児童を虐待し、著しくその監護を怠り、その他著しく当該児童の福祉を害するおそれがあると認めるときは、都道府県は、家庭裁判所の承認を得て、当該期間を更新することができる。

③　都道府県は、前項ただし書の規定による更新に係る承認の申立てをした場合において、やむを得ない事情があるときは、当該措置の期間が満了した後も、当該申立てに対する審判が確定するまでの間、引き続き当該措置を採ることができる。ただし、当該申立てを却下する審判があつた場合は、当該審判の結果を考慮してもなお当該措置を採る必要があると認めるときに限る。

④　家庭裁判所は、第一項第一号若しくは第二号ただし書又は第二項ただし書の承認（以下「措置に関する承認」という。）の申立てがあつた場合は、都道府県に対し、期限を定めて、当該申立てに係る保護者に対する指導措置を採るよう勧告すること、当該申立てに係る保護者に対する指導措置に関し報告及び意見を求めること、又は当該申立てに係る児童及びその保護者に関する必要な資料の提出を求めることができる。

⑤　家庭裁判所は、前項の規定による勧告を行つたときは、その旨を当該保護者に通知するものとする。

⑥　家庭裁判所は、措置に関する承認の申立てに対する承認の審判をする場合において、当該措置の終了後の家庭その他の環境の調整を行うため当該保護者に対する指導措置を採ることが相当であると認めるときは、都道府県に対し、当該指導措置を採るよう勧告することができる。

⑦　家庭裁判所は、第四項の規定による勧告を行つた場合において、措置に関する承認の申立てを却下する審判をするときであつて、家庭その他の環境の調整を行うため当該勧告に係る当該保護者に対する指導措置を採ることが相当であると認めるときは、都道府県に対し、当該指導措置を採るよう勧告することができる。

⑧　第五項の規定は、前二項の規定による勧告について準用する。

第二十九条　都道府県知事は、前条の規定による措置をとるため、必要があると認めるときは、児童委員又は児童の福祉に関する事務に従事する職員をして、児童の住所若しくは居所又は児童の従業する場所に立ち入り、必要な調査又は質問をさせることができる。この場合においては、その身分を証明する証票を携帯させ、関係者の請求があつたときは、これを提示させなければならない。

第三十条 四親等内の児童以外の児童を、その親権を行う者又は未成年後見人から離して、自己の家庭（単身の世帯を含む。）に、三月（乳児については、一月）を超えて同居させる意思をもつて同居させた者又は継続して二月以上（乳児については、二十日以上）同居させた者（法令の定めるところにより児童を委託された者及び児童を単に下宿させた者を除く。）は、同居を始めた日から三月以内（乳児については、一月以内）に、市町村長を経て、都道府県知事に届け出なければならない。ただし、その届出期間内に同居をやめたときは、この限りでない。

② 前項に規定する届出をした者が、その同居をやめたときは、同居をやめた日から一月以内に、市町村長を経て、都道府県知事に届け出なければならない。

③ 保護者は、経済的理由等により、児童をそのもとにおいて養育しがたいときは、市町村、都道府県の設置する福祉事務所、児童相談所、児童福祉司又は児童委員に相談しなければならない。

第三十三条 児童相談所長は、必要があると認めるときは、第二十六条第一項の措置を採るに至るまで、児童の安全を迅速に確保し適切な保護を図るため、又は児童の心身の状況、その置かれている環境その他の状況を把握するため、児童の一時保護を行い、又は適当な者に委託して、当該一時保護を行わせることができる。

② 都道府県知事は、必要があると認めるときは、第二十七条第一項又は第二項の措置（第二十八条第四項の規定による勧告を受けて採る指導措置を除く。）を採るに至るまで、児童の安全を

迅速に確保し適切な保護を図るため、又は児童の心身の状況、その置かれている環境その他の状況を把握するため、児童相談所長をして、児童の一時保護を行わせ、又は適当な者に当該一時保護を行うことを委託させることができる。

③ 前二項の規定による一時保護の期間は、当該一時保護を開始した日から二月を超えてはならない。

④ 前項の規定にかかわらず、児童相談所長又は都道府県知事は、必要があると認めるときは、引き続き第一項又は第二項の規定による一時保護を行うことができる。

⑤ 前項の規定により引き続き一時保護を行うことが当該児童の親権を行う者又は未成年後見人の意に反する場合においては、児童相談所長又は都道府県知事が引き続き一時保護を行おうとするとき、及び引き続き一時保護を行つた後二月を超えて引き続き一時保護を行おうとするときごとに、児童相談所長又は都道府県知事は、家庭裁判所の承認を得なければならない。ただし、当該児童に係る第二十八条第一項第一号若しくは第二号ただし書の承認の申立て又は当該児童の親権者に係る第三十三条の七の規定による親権喪失若しくは親権停止の審判の請求若しくは当該児童の未成年後見人に係る第三十三条の九の規定による未成年後見人の解任の請求がされている場合は、この限りでない。

⑥ 児童相談所長又は都道府県知事は、前項本文の規定による引き続いての一時保護に係る承認の申立てをした場合において、やむを得ない事情があるときは、一時保護を開始した日から二月を経過した後又は同項の規定により引き続き一時保護を行つた後二月を経過した後も、当該申立てに対する審判が確定するまでの間、引き

続き一時保護を行うことができる。ただし、当該申立てを却下する審判があつた場合は、当該審判の結果を考慮してもなお引き続き一時保護を行う必要があると認めるときに限る。

⑦ 前項本文の規定により引き続き一時保護を行つた場合において、第五項本文の規定による引き続いての一時保護に係る承認の申立てに対する審判が確定した場合における同項の規定の適用については、同項中「引き続き一時保護を行おうとするとき、及び引き続き一時保護を行つた」とあるのは、「引き続いての一時保護に係る承認の申立てに対する審判が確定した」とする。

⑧ 児童相談所長は、特に必要があると認めるときは、第一項の規定により一時保護が行われた児童については満二十歳に達するまでの間、次に掲げる措置を採るに至るまで、引き続き一時保護を行い、又は一時保護を行わせることができる。

一 第三十一条第四項の規定による措置を要すると認める者は、これを都道府県知事に報告すること。

二 児童自立生活援助の実施が適当であると認める満二十歳未満義務教育終了児童等は、これをその実施に係る都道府県知事に報告すること。

⑨ 都道府県知事は、特に必要があると認めるときは、第二項の規定により一時保護が行われた児童については満二十歳に達するまでの間、第三十一条第四項の規定による措置（第二十八条第四項の規定による勧告を受けて採る指導措置を除く。第十一項において同じ。）を採るに至るまで、児童相談所長をして、引き続き一時保護を行わせ、又は一時保護を行うことを委託させることができる。

⑩　児童相談所長は、特に必要があると認めるときは、第八項各号に掲げる措置を採るに至るまで、保護延長者（児童以外の満二十歳に満たない者のうち、次の各号のいずれかに該当するものをいう。以下この項及び次項において同じ。）の安全を迅速に確保し適切な保護を図るため、又は保護延長者の心身の状況、その置かれている環境その他の状況を把握するため、保護延長者の一時保護を行い、又は適当な者に委託して、当該一時保護を行わせることができる。

一　満十八歳に満たないときにされた措置に関する承認の申立てに係る児童であつた者であつて、当該申立てに対する審判が確定していないもの又は当該申立てに対する承認の審判がなされた後において第二十八条第一項第一号若しくは第二号ただし書若しくは第二項ただし書の規定による措置が採られていないもの

二　第三十一条第二項から第四項までの規定による措置が採られている者（前号に掲げる者を除く。）

⑪　都道府県知事は、特に必要があると認めるときは、第三十一条第四項の規定による措置を採るに至るまで、保護延長者の安全を迅速に確保し適切な保護を図るため、又は保護延長者の心身の状況、その置かれている環境その他の状況を把握するため、児童相談所長をして、保護延長者の一時保護を行わせ、又は適当な者に当該一時保護を行うことを委託させることができる。

⑫　第八項から前項までの規定による一時保護は、この法律の適用については、第一項又は第二項の規定による一時保護とみなす。

第三十三条の二　児童相談所長は、一時保護が行われた児童で親権を行う者又は未成年後見人の

ないものに対し、親権を行う者又は未成年後見人があるに至るまでの間、親権を行う。ただし、民法第七百九十七条の規定による縁組の承諾をするには、厚生労働省令の定めるところにより、都道府県知事の許可を得なければならない。

② 児童相談所長は、一時保護が行われた児童で親権を行う者又は未成年後見人のあるものについても、監護、教育及び懲戒に関し、その児童の福祉のため必要な措置を採ることができる。ただし、体罰を加えることはできない。

③ 前項の児童の親権を行う者又は未成年後見人は、同項の規定による措置を不当に妨げてはならない。

④ 第二項の規定による措置は、児童の生命又は身体の安全を確保するため緊急の必要があると認めるときは、その親権を行う者又は未成年後見人の意に反しても、これをとることができる。

第三十三条の二の二 児童相談所長は、一時保護が行われた児童の所持する物であつて、一時保護中本人に所持させることが児童の福祉を損なうおそれがあるものを保管することができる。

② 児童相談所長は、前項の規定により保管する物で、腐敗し、若しくは滅失するおそれがあるもの又は保管に著しく不便なものは、これを売却してその代価を保管することができる。

③ 児童相談所長は、前二項の規定により保管する物について当該児童以外の者が返還請求権を有することが明らかな場合には、これをその権利者に返還しなければならない。

④ 児童相談所長は、前項に規定する返還請求権を有する者を知ることができないとき、又はその者の所在を知ることができないときは、返還請求権を有する者は、六月以内に申し出るべき旨を公告しなければならない。

⑤　前項の期間内に同項の申出がないときは、その物は、当該児童相談所を設置した都道府県に帰属する。

⑥　児童相談所長は、一時保護を解除するときは、第三項の規定により返還する物を除き、その保管する物を当該児童に返還しなければならない。この場合において、当該児童に交付することが児童の福祉のため不適当であると認めるときは、これをその保護者に交付することができる。

⑦　第一項の規定による保管、第二項の規定による売却及び第四項の規定による公告に要する費用は、その物の返還を受ける者があるときは、その者の負担とする。

第三十三条の三　児童相談所長は、一時保護が行われている間に児童が逃走し、又は死亡した場合において、遺留物があるときは、これを保管し、かつ、前条第三項の規定により権利者に返還しなければならない物を除き、これを当該児童の保護者若しくは親族又は相続人に交付しなければならない。

②　前条第二項、第四項、第五項及び第七項の規定は、前項の場合に、これを準用する。

第三十三条の七　児童等の親権者に係る民法第八百三十四条本文、第八百三十四条の二第一項、第八百三十五条又は第八百三十六条の規定による親権喪失、親権停止若しくは管理権喪失の審判の請求又はこれらの審判の取消しの請求は、これらの規定に定める者のほか、児童相談所長も、これを行うことができる。

第三十三条の八　児童相談所長は、親権を行う者のない児童等について、その福祉のため必要があるときは、家庭裁判所に対し未成年後見人の選任を請求しなければならない。

② 児童相談所長は、前項の規定による未成年後見人の選任の請求に係る児童等（小規模住居型児童養育事業を行う者若しくは里親に委託中若しくは児童福祉施設に入所中の児童等又は一時保護中の児童を除く。）に対し、親権を行う者又は未成年後見人があるに至るまでの間、親権を行う。ただし、民法第七百九十七条の規定による縁組の承諾をするには、厚生労働省令の定めるところにより、都道府県知事の許可を得なければならない。

第三十三条の九 児童等の未成年後見人に、不正な行為、著しい不行跡その他後見の任務に適しない事由があるときは、民法第八百四十六条の規定による未成年後見人の解任の請求は、同条に定める者のほか、児童相談所長も、これを行うことができる。

第三十三条の九の二 国は、要保護児童の保護に係る事例の分析その他要保護児童の健全な育成に資する調査及び研究を推進するものとする。

第五十九条の四 この法律中都道府県が処理することとされている事務で政令で定めるものは、指定都市及び中核市並びに児童相談所を設置する市（特別区を含む。以下この項において同じ。）として政令で定める市（以下「児童相談所設置市」という。）においては、政令で定めるところにより、指定都市若しくは中核市又は児童相談所設置市（以下「指定都市等」という。）が処理するものとする。この場合においては、この法律中都道府県に関する規定は、指定都市等に関する規定として指定都市等に適用があるものとする。

児童虐待防止法

＊２０１９（令和元）年改正版

【本文に関連する児童虐待の防止等に関する法律（児童虐待防止法）抜粋】

（児童虐待の定義）

第二条　この法律において、「児童虐待」とは、保護者（親権を行う者、未成年後見人その他の者で、児童を現に監護するものをいう。以下同じ。）がその監護する児童（十八歳に満たない者をいう。以下同じ。）について行う次に掲げる行為をいう。

一　児童の身体に外傷が生じ、又は生じるおそれのある暴行を加えること。

二　児童にわいせつな行為をすること又は児童をしてわいせつな行為をさせること。

三　児童の心身の正常な発達を妨げるような著しい減食又は長時間の放置、保護者以外の同居人による前二号又は次号に掲げる行為と同様の行為の放置その他の保護者としての監護を著しく怠ること。

四　児童に対する著しい暴言又は著しく拒絶的な対応、児童が同居する家庭における配偶者に対する暴力（配偶者（婚姻の届出をしていないが、事実上婚姻関係と同様の事情にある者を含む。）の身体に対する不法な攻撃であって生命又は身体に危害を及ぼすもの及びこれに準ずる心身に有害な影響を及ぼす言動をいう。）その他の児童に著しい心理的外傷を与える言動を行うこと。

（立入調査等）

第九条　都道府県知事は、児童虐待が行われているおそれがあると認めるときは、児童委員又は児童の福祉に関する事務に従事する職員をして、児童の住所又は居所に立ち入り、必要な調査又は質問をさせることができる。この場合においては、その身分を証明する証票を携帯させ、関係者の請求があったときは、これを提示させなければならない。

2　前項の規定による児童委員又は児童の福祉に関する事務に従事する職員の立入り及び調査又は質問は、児童福祉法第二十九条の規定による児童委員又は児童の福祉に関する事務に従事する職員の立入り及び調査又は質問とみなして、同法第六十一条の五の規定を適用する。

（警察署長に対する援助要請等）

第十条　児童相談所長は、第八条第二項の児童の安全の確認又は一時保護を行おうとする場合において、これらの職務の執行に際し必要があると認めるときは、当該児童の住所又は居所の所在地を管轄する警察署長に対し援助を求めることができる。都道府県知事が、第九条第一項の規定による立入り及び調査若しくは質問をさせ、又は臨検等をさせようとする場合についても、同様とする。

2　児童相談所長又は都道府県知事は、児童の安全の確認及び安全の確保に万全を期する観点から、必要に応じ迅速かつ適切に、前項の規定により警察署長に対し援助を求めなければならない。

3　警察署長は、第一項の規定による援助の求めを受けた場合において、児童の生命又は身体の安全を確認し、又は確保するため必要と認めるときは、速やかに、所属の警察官に、同項の職務の執行を援助するために必要な警察官職務執行法（昭和二十三年法律第百三十六号）その他の法令の定めるところによる措置を講じさせるよう努めなければならない。

（児童虐待を行った保護者等に対する指導）

第十一条　都道府県知事又は児童相談所長は、児童虐待を行った保護者について児童福祉法第二十七条第一項第二号又は第二十六条第一項第二号の規定により指導を行う場合は、当該保護者について、児童虐待の再発を防止するため、医学的又は心理学的知見に基づく指導を行うよう努めるものとする

2　児童虐待を行った保護者について児童福祉法第二十七条第一項第二号の規定により行われる指導は、親子の再統合への配慮その他の児童虐待を受けた児童が家庭（家庭における養育環境と同様の養育環境及び良好な家庭的環境を含む。）で生活するために必要な配慮の下に適切に行われなければならない。

3　児童虐待を行った保護者について児童福祉法第二十七条第一項第二号の措置が採られた場合においては、当該保護者は、同号の指導を受けなければならない。

4　前項の場合において保護者が同項の指導を受けないときは、都道府県知事は、当該保護者に対し、同項の指導を受けるよう勧告することができる。

5　都道府県知事は、前項の規定による勧告を受けた保護者が当該勧告に従わない場合において必要があると認めるときは、児童福祉法第三十三条第二項の規定により児童相談所長をして児童虐待を受けた児童の一時保護を行わせ、又は適当な者に当該一時保護を行うことを委託させ、同法第二十七条第一項第三号又は第二十八条第一項の規定による措置を採る等の必要な措置を講ずるものとする。

6　児童相談所長は、第四項の規定による勧告を受けた保護者が当該勧告に従わず、その監護する児童に対し親権を行わせることが著しく当該

児童の福祉を害する場合には、必要に応じて、適切に、児童福祉法第三十三条の七の規定による請求を行うものとする。

7　都道府県は、保護者への指導（第二項の指導及び児童虐待を行った保護者に対する児童福祉法第十一条第二号の二の規定による指導をいう。以下この項において同じ。）を効果的に行うため、同法第十三条第五項に規定する指導教育担当児童福祉司に同項に規定する指導及び教育のほか保護者への指導を行う者に対する専門的技術に関する指導及び教育を行わせるとともに、第八条の二第一項の規定による調査若しくは質問、第九条第一項の規定による立ち入り及び調査若しくは質問、第九条の二第一項の規定による調査若しくは質問、第九条の三第一項の規定よる臨検若しくは捜索又は同条第二項の規定による調査若しくは質問をした児童の福祉に関する事務に従事する職員並びに同法第三十三条第一項又は第二項の規定による一時保護を行った児童福祉司以外の者に当該児童に係る保護者への指導を行わせることその他の必要な措置を講じなければならない。

（親権の行使に関する配慮等）

第十四条　児童の親権を行う者は、児童のしつけに際して、体罰を加えることその他（明治二十九年法律第八十九号）八百二十条の規定による監護及び教育に必要な範囲を超える行為により当該児童を懲戒にしてはならず、当該児童の権利の適切な行使に配慮しなければならない。

2　児童の親権を行う者は、児童虐待に係る暴行罪、傷害罪その他の犯罪について、当該児童の親権を行う者であることを理由として、その責めを免れることはない。

民　法

（特別養子縁組の成立）
第八百十七条の二　家庭裁判所は、次条から第八百十七条の七までに定める要件があるときは、養親となる者の請求により、実方の血族との親族関係が終了する縁組（以下この款において「特別養子縁組」という。）を成立させることができる。
2　前項に規定する請求をするには、第七百九十四条又は第七百九十八条の許可を得ることを要しない。

（養親の夫婦共同縁組）
第八百十七条の三　養親となる者は、配偶者のある者でなければならない。
2　夫婦の一方は、他の一方が養親とならないときは、養親となることができない。ただし、夫婦の一方が他の一方の嫡出である子（特別養子縁組以外の縁組による養子を除く。）の養親となる場合は、この限りでない。

（養親となる者の年齢）
第八百十七条の四　二十五歳に達しない者は、養親となることができない。ただし、養親となる夫婦の一方が二十五歳に達していない場合においても、その者が二十歳に達しているときは、この限りでない。

（養子となる者の年齢）
第八百十七条の五
第八百十七条の二に規定する請求の時に十五歳に達している者は、養子となることができない。

特別養子縁組が成立するまでに十八歳に達した者についても、同様とする。

2　前項前段の規定は、養子となる者が十五歳に達する前から引き続き養親となる者に監護されている場合において、十五歳に達するまでに第八百十七条の二に規定する請求がされなかったことについてやむを得ない事由があるときは、適用しない。

3　養子となる者が十五歳に達している場合においては、特別養子縁組の成立には、その者の同意がなければならない。

（父母の同意）

第八百十七条の六　特別養子縁組の成立には、養子となる者の父母の同意がなければならない。ただし、父母がその意思を表示することができない場合又は父母による虐待、悪意の遺棄その他養子となる者の利益を著しく害する事由がある場合は、この限りでない。

（子の利益のための特別の必要性）

第八百十七条の七　特別養子縁組は、父母による養子となる者の監護が著しく困難又は不適当であることその他特別の事情がある場合において、子の利益のため特に必要があると認めるときに、これを成立させるものとする。

（監護の状況）

第八百十七条の八　特別養子縁組を成立させるには、養親となる者が養子となる者を六箇月以上の期間監護した状況を考慮しなければならない。

2　前項の期間は、第八百十七条の二に規定する請求の時から起算する。ただし、その請求前の監護の状況が明らかであるときは、この限りでない。

（実方との親族関係の終了）

第八百十七条の九　養子と実方の父母及びその血族との親族関係は、特別養子縁組によって終了する。ただし、第八百十七条の三第二項ただし書に規定する他の一方及びその血族との親族関係については、この限りでない。

（特別養子縁組の離縁）

第八百十七条の十　次の各号のいずれにも該当する場合において、養子の利益のため特に必要があると認めるときは、家庭裁判所は、養子、実父母又は検察官の請求により、特別養子縁組の当事者を離縁させることができる。

一　養親による虐待、悪意の遺棄その他養子の利益を著しく害する事由があること。

二　実父母が相当の監護をすることができること。

2　離縁は、前項の規定による場合のほか、これをすることができない。

（離縁による実方との親族関係の回復）

第八百十七条の十一　養子と実父母及びその血族との間においては、離縁の日から、特別養子縁組によって終了した親族関係と同一の親族関係を生ずる。

用語集

アセスメント
ある事象を客観的に評価することを言う。

新しい社会的養育ビジョン
2017（平成29）年8月、新たな社会的養育の在り方に関する検討会の意見をふまえた「新しい社会的養育ビジョン」には、家庭への養育支援から代替養育までの社会的養育の充実とともに、家庭養育優先の理念の原則を規定したうえで、実親による養育が困難であれば特別養子縁組によるパーマネンシー保障や里親による養育を推進することが示されている。

一時保護ガイドライン
一時保護に関する基本的な業務のあり方等は、従来、「児童相談所運営指針」の中に明記されていた。「一時保護ガイドライン」は、2018（平成30）年7月6日、厚生労働省から一時保護の目的やあり方等を明記した新たな指針として各自治体に向けて通達された。

インクルーシブ教育
inclusiveは、「包括的な」「包み込む」という意味の英語で、障害の有無などによって学ぶ場や環境を分けられることなく、一人ひとりの能力や苦手さと向き合いながらともに学ぶ教育を指す。2006年に国連で採択された「障害者の権利に関する条約」にその考えが盛り込まれた。

インテーク
相談に来た人や関係者から事情を聞く最初のケースワークの段階のこと。たとえば、虐待通告の場合なら、客観的に評価できるように事情を聴き取ることを言う。

親支援プログラム
2019（令和元）年「児童虐待防止法」の改正によって、同法第11条には、児童虐待を行なった保護者に対する指導が規定されている。「児童虐待の再発を防止するため、医学的又は心理学的知見に基づく指導を行うよう努めるものとする」とある。実践的な家族再統合プログラムとしては、CRC親子プログラムやMY TREEペアレンツプログラムなどがある。

起訴
刑事事件について検察官が裁判所に審理を求めること。

行政不服審査法
行政庁の処分等によって不利益を受けた国民が

不服を申し立て、これを行政庁が審査する手続きについて定めたもの。児童相談所が行なう一時保護は、行政処分であり「行政不服審査法」の対象となる。

ぐ犯少年（少年法第3条第1項3号）

「ぐ犯」とは、罪を犯すおそれのあることを意味する法律用語。

「少年法」に定められた「ぐ犯事由」は、以下のとおりである。

①保護者の正当な監督に服しない性癖のあること

②正当な理由がなく家庭に寄りつかないこと

③犯罪性のある人もしくは不道徳な人と交際し、またはいかがわしい場所に出入りすること

④自己または他人の徳性を害する行為をする性癖のあること

罪刑法定主義

どのような行為が犯罪であるか、その犯罪に対してどのような刑が科せられるかは、あらかじめ法律によって定められることを要するとする主義。刑罰権の恣意《しい》的な行使を防ぐ人権保障の表われで、近代自由主義刑法の基本原則。

里親支援専門相談員

児童養護施設および乳児院に地域の里親およびファミリーホームを支援する目的で配置される職員のこと。児童相談所の里親担当職員、里親委託等推進員、里親会等と連携して、

①所属施設の入所児童の里親委託の推進

②退所児童のアフターケアとしての里親支援

③所属施設からの退所児童以外を含めた地域支援としての里親支援

を行ない、里親委託の推進および里親支援の充実を図ることを目的とする。里親支援ソーシャルワーカーともいわれる。

児童家庭支援センター（児童福祉法第44条の2）

「児童家庭支援センターは、地域の児童の福祉に関する各般の問題につき、児童に関する家庭その他からの相談のうち、専門的な知識及び技術を必要とするものに応じ、必要な助言を行うとともに、市町村の求めに応じ、技術的助言その他必要な援助を行うほか、第二十六条第一項第二号及び第二十七条第一項第二号の規定による指導を行い、あわせて児童相談所、児童福祉施設等との連絡調整その他厚生労働省令の定める援助を総合的に行うことを目的とする施設とする。」

児童指導員（児童福祉施設の設備及び運営に関する

る基準第43条）
「児童指導員は、都道府県知事の指定する児童福祉施設の職員を養成する学校その他の養成施設を卒業した者」「社会福祉士の資格を有する者」「精神保健福祉士の資格を有する者」「学校教育法の規定による大学の学部で、社会福祉学、心理学、教育学若しくは社会学を専修する学科又はこれらに相当する課程を修めて卒業した者」などである。

児童自立支援施設（児童福祉法第44条）

「児童自立支援施設は、不良行為をなし、又はなすおそれのある児童及び家庭環境その他の環境上の理由により生活指導等を要する児童を入所させ、又は保護者の下から通わせて、個々の児童の状況に応じて必要な指導を行い、その自立を支援し、あわせて退所した者について相談その他の援助を行うことを目的とする施設とする。」

児童相談所運営指針

児童相談所の概要や組織と職員に関する基本的な事項から相談、調査、診断、判定、援助決定業務に関する具体的な事項まで、児童相談所の運営に必要なガイドラインである。通告から48時間以内に子どもを現認するルールなどは、この運営指針に規定されている。

児童措置審査会

児童措置審査会は、「児童福祉法」第8条に以下のように記されている。

「第八項、第二十七条第六項、第三十三条の十五第三項、第三十五条第六項、第四十六条第四項及び第五十九条第五項の規定によりその権限に属させられた事項を調査審議するため、都道府県に児童福祉に関する審議会その他の合議制の機関を置くものとする。」

具体的には、施設入所措置等に係る意見を諮問する機関である。

児童養護施設（児童福祉法第41条）

「児童養護施設は、保護者のない児童（乳児を除く。ただし、安定した生活環境の確保その他の理由により特に必要のある場合には、乳児を含む。以下この条において同じ。）、虐待されている児童その他環境上養護を要する児童を入所させて、これを養護し、あわせて退所した者に対する相談その他の自立のための援助を行うことを目的とする施設とする。」

社会福祉士（社会福祉士及び介護福祉士法第2条）

「専門的知識及び技術

をもつて、身体上若しくは精神上の障害があること、又は環境上の理由により日常生活を営むのに支障がある者の福祉に関する相談に応じ、助言、指導、福祉サービスを提供する者又は医師その他の保健医療サービスを提供する者その他の関係者（中略）との連携及び調整その他の援助を行うこと（中略）を業とする者をいう。」

社会的養護

厚生労働省のホームページには次のように記されている。

「社会的養護とは、保護者のない児童や、保護者に監護させることが適当でない児童を、公的責任で社会的に養育し、保護するとともに、養育に大きな困難を抱える家庭への支援を行うことです。社会的養護は、「子どもの最善の利益のために」と「社会全体で子どもを育む」を理念として行われています。」

触法少年

「少年法」3条第1項2には触法少年が次のように定められている。

「14歳に満たないで刑罰法令に触れる行為をした少年」

刑法41条は「14歳に満たない者の行為は、罰しない」と規定しており、触法少年を処罰対象から除外している。原則、児童相談所が児童福祉法により非行少年の対応をしている。ただし、都道府県知事または児童相談所長が、重大事案として事件を家庭裁判所に送致した場合は、審判の対象となる。この場合、家庭裁判所は触法少年に対して保護処分を決定する。

身体的虐待（児童虐待防止法第2条第1項）

「児童の身体に外傷が生じ、又は生じるおそれのある暴行を加えること。」

心理的虐待（児童虐待防止法第2条第4項）

「児童に対する著しい暴言又は著しく拒絶的な対応、児童が同居する家庭における配偶者に対する暴力（配偶者（婚姻の届出をしていないが、事実上婚姻関係と同様の事情にある者を含む。）の身体に対する不法な攻撃であって生命又は身体に危害を及ぼすもの及びこれに準ずる心身に有害な影響を及ぼす言動をいう。）その他の児童に著しい心理的外傷を与える言動を行うこと。」

ステップファミリー

子どものいる人の離婚や再婚などにより生じる、血縁関係のない親子関係や兄弟・姉妹関係。

性的虐待（児童虐待防止法第2条第2項）

「児童にわいせつな行為をすること又は児童をしてわいせつな行為をさせること。」

ソーシャルワーク

国際ソーシャルワーカー連盟の「ソーシャルワーク専門職のグローバル定義」には次のようにある。

「ソーシャルワークは、社会変革と社会開発、社会的結束、および人々のエンパワメントと解放を促進する、実践に基づいた専門職であり学問である。（中略）生活課題に取り組みウェルビーイングを高めるよう、人々やさまざまな構造に働きかける。」

第三者委員会

何らかの問題（児童虐待の死亡事案）が起きたときに、当事者以外の外部の有識者（学識経験者・弁護士・医師など）によって、支援機関の体制のあり方や課題等を明らかにすることを目的に設置される委員会で、今後の虐待を防ぐために必要な課題を検証する。

トリアージ

大規模災害時や救急事故現場において、患者の重症度に基づいて、治療の優先度を決定して選別を行なうことを示す。患者の治療順位、救急搬送の順位、搬送先施設の決定などにおいて用いられる。児童相談業務においても緊急度の高低の選別は重要であり、限られた人員の中で優先度をはかりながら対応することが求められることから、この言葉が使われることがある。

ドリフト問題

ドリフトとは、一般的に「漂流すること」と訳される。本書の場合、里親で生活をしている子どもの不適応状態等を要因として、里親から次の里親へと、何回も養育者が代わることを表わす。

乳児院（児童福祉法第37条）

「乳児院は、乳児（保健上、安定した生活環境の確保その他の理由により特に必要のある場合には、幼児を含む。）を入院させて、これを養育し、あわせて退院した者について相談その他の援助を行うことを目的とする施設とする。」

ネグレクト（児童虐待防止法第2条第3項）

「児童の心身の正常な発達を妨げるような著しい減食又は長時間の放置、保護者以外の同居人による前二号又は次号に掲げる行為と同様の行為の放置その他の保護者としての監護を著しく怠ること。」

なお、「前二号又は次号」とは、「身体的虐待」「性的虐待」「心理的虐待」をさす。

フェイスシート

医療・福祉分野で援助を目的とした情報収集において使用される利用者の「氏名」「年齢」「性別」「家族構成」「健康状態」などの基本データをまとめた用紙のこと。

福祉警察

児童相談所が、警察の機能である警察法・刑法・少年法をもとにした行動規範に準じて業務を行なうことを示す造語。

法務少年支援センター

少年鑑別所法第131条に基づいて行なわれる支援活動。

非行・犯罪に関する問題や、思春期の少年たちの行動理解等に関する知識・ノウハウを活用して、少年鑑別所が、少年や保護者などの相談に応じて情報の提供・助言等を行うもの。児童福祉機関、学校・教育関係機関、NPO等の民間団体等、青少年の健全育成に携わる関係機関・団体と連携を図りながら、地域における非行・犯罪の防止に関する活動や、健全育成に関する活動の支援も行なう。（「平成30年版子ども・若者白書」より）

身柄付き通告

「児童福祉法」第25条「要保護児童発見者の通告義務」により、警察等が要保護児童を発見し、緊急の措置が必要な場合に、通告書類とともに子どもの身柄を児童相談所に保護すること。

モニタリング

状態を監視することや状態を把握するために観測や測定を行なうこと。本書の場合、虐待が再発しないか、または、再発しないように当該家庭を見守り支援を行なうことを示す。

要保護児童（児童福祉法第6条の3第8項）

「保護者のない児童又は保護者に監護させることが不適当であると認められる児童」のこと。

要保護児童対策地域協議会

地方公共団体に設置が求められる支援機関。「児童福祉法」第25条の2には次のようにある。

「地方公共団体は、単独で又は共同して、要保護児童（中略）の適切な保護又は要支援児童若しくは特定妊婦への適切な支援を図るため、関係機関、関係団体及び児童の福祉に関連する職務に従事する者その他の関係者（中略）により構成される要保護児童対策地域協議会（中略）を置くように努めなければならない。」

レスパイト・ケア
　支援者が育児（養育）を一時的に代替して、家族や里親にリフレッシュしてもらうこと。また、そのようなサービスのこと。

リスクアセスメント
　危険性を事前に抽出して、それを評価、除去、低減するための方法。具体的には、虐待のリスクがどこにあるのか仮説を立てて、そのために生じる危険性を除去ないし低減する方法を検討し、評価を行なうこと。

立件
　刑事事件において、検察官が公訴を提起するに足りる要件が具備していると判断して、事案に対応する措置をとること。

索引

▽や

▽ら

著者紹介

井上　景（いのうえ　たかし）
京都府出身
龍谷大学大学院社会学研究科修士課程修了
修士（社会福祉学）、社会福祉士
金沢市役所職員として児童相談所開設準備室、金沢市こども総合相談センター（児童相談所）、大阪府庁職員として大阪府子ども家庭センター（児童相談所・一時保護所）の児童福祉司・児童指導員、甲南女子大学総合子ども学科講師を経て、現在、西日本こども研修センターあかし　研修企画専門員。

〔主要業績〕
「中核市等児童相談所設置における課題：奈良市の児童相談所設置準備にみる課題」甲南女子大学研究紀要Ｉ（第55号）2019年
「児童福祉司養成に必要な実務の専門性とスキル：児童相談所スーパーバイザーの視点」金沢星稜大学人間科学研究（第11巻第2号）2018年

行列のできる児童相談所
子ども虐待を人任せにしない社会と行動のために

2019年11月20日　初版第1刷発行
2019年12月20日　初版第2刷発行
定価はカバーに表示してあります。

著　者　井上　景
発行所　（株）北大路書房
〒603-8303
京都市北区紫野十二坊町12-8
電　話　（075）431-0361（代）
FAX　（075）431-9393
振　替　01050-4-2083

編集・デザイン・装丁　上瀬奈緒子（綴水社）
イラスト　和出伸一
印刷・製本　創栄図書印刷（株）

 ISBN978-4-7628-3084-6